Aen Hanghmoeg Cienmonz Bued Cienz Oksaw Gij Sawcih Minzcuz
民族文字出版专项资金资助项目

Aen Cangsaw Gvangjsih Saujsu Minzcuz Feihvuzciz Vwnzva Yizcanj
广西少数民族非物质文化遗产书库

SAWGING SAEGOENG BOUXCUENGH
典藏壮族师公经

CIENGQ GOJSAEH CIENZGANGJ（NGEIH）

唱故事传说（二）

Cingjleix fanhoiz：Veiz Daz Vangz Sanvaz Lij Sicwng
整理 翻译：韦达 黄善华 李世政
Soucomz：Liuz Yozginh
搜集：刘学军

Gvangjsih Minzcuz Cuzbanjse
广西民族出版社

图书在版编目（CIP）数据

唱故事传说（二）：壮文/韦达，黄善华，李世政整理翻译；刘学军搜集. —南宁：广西民族出版社，2013.9
（典藏壮族师公经）
ISBN 978-7-5363-6630-5

Ⅰ.①唱… Ⅱ.①韦… ②黄… ③李… ④刘… Ⅲ.①壮族—民间故事—作品集—中国—壮语 Ⅳ.①I277.3

中国版本图书馆 CIP 数据核字（2013）第 202451 号

Aen Hanghmoeg Cienzmonz Bued Cienz Oksaw Gij Sawcih Minzcuz
民族文字出版专项资金资助项目
Aen Cangsaw Gvangjsih Saujsu Minzcuz Feihvuzciz Vwnzva Yizcanj
广西少数民族非物质文化遗产书库

SAWGING SAEGOENG BOUXCUENGH
典藏壮族师公经
CIENGQ GOJSAEH CIENZGANGJ（NGEIH）

唱故事传说（二）

Cingjleix fanhoiz：Veiz Daz Vangz Sanvaz Lij Sicwng
整理 翻译：韦达 黄善华 李世政
Soucomz：Liuz Yozginh
搜集：刘学军

出版发行	广西民族出版社（地址：南宁市桂春路 3 号 邮政编码：530028）
发行电话	（0771）5523216 传真：（0771）5523246
责任编辑	周 金 韦林利
装帧设计	李良华
责任印制	蓝剑风
印 刷	广西地质印刷厂印刷
规 格	890 毫米×1240 毫米 1/32
印 张	6.25
字 数	200 千字
版 次	2013 年 9 月第 1 版
印 次	2013 年 9 月第 1 次印刷

ISBN 978-7-5363-6630-5/I·1455 定价：28.00 元

如发现印装质量问题，影响阅读，请与出版社联系调换。 电话：（0771）5523243

MOEGLOEG
目　录

It、Sihyouzgi
一、西游记

Danq gojsaeh
叹 故事
Bae sihdenh aeugyauq
去 西天 取经
Dem lauxlungz doxgauq
和 老龙 相争
Cix caux miz gingfaenz
就 造 有 经文

Bae yenzloz doiq saeh
去 阎罗 退 事
Cix lingx guh caiciengz
就 领 做 斋场
Doxbae cib bet bi
前进 十 八 年
Daengz sihdenh cij dauq
到 西天 才 回来

Cij danq Dangz Sanhcang
只 叹 唐 三藏

Bae Lingzsanh cingj ging
去 灵山 请 经
Bae daengz Miuh Leizdingz
去 到 庙 雷霆
Ndaej ging ma caicen
得 经 来 斋荐

Coh neix guh saengyinz
从 这 做 僧人
Yaek guh Cinz Yenzcang
要 做 陈 玄奘
Doxbae cib bet bi
前进 十 八 年
Baedauq bet ndwen rim
来回 八 月 满

Danq gojsaeh Dangzvangz
叹 故事 唐王
Bae sihdenh cingj foz
去 西天 请 佛
Sanhcang fap daengz fwngz
三藏 法 到 手
Bae cingj foz dauqma
去 请 佛 回来

Bae ndaej ging ndaej gyauq
去 得 经 得 教

Dauqma guh caiciengz
回来 做 斋场
Gwih max bae daengz gwnz
骑 马 去 到 上面
Haj lungz lij bae ninz
五 龙 还去 睡

Yangzsouj diuq
扬首 吊
Ngiengx gyaeuj youh daj fwngz coemhyieng
抬 头 又 打 手 烧香

Saenq dwk go sing diuqlingz yiengj
震 得 歌 声 吊玲 响
Lwnh ciengq Yizlaiz gij gaenyienz
论 唱 如来 那 根源
Sihdenh Yizlaiz duz fozcuj
西天 如来 个 佛祖
Dunghduj cij baengh Laujginh byaij
东土 只 凭 老君 行

Cij danq Yizlaiz goek foz daej
只 叹 如来 根基 佛 底
Caux ndaej Sanhcang doh fangz ging
造 得 三藏 度 鬼 经
Caux ging ndaej sam cib haj bouh
造 经 得 三 十 五 部

Damz mbwn damz deih doh vangzlingz
谈 天 谈 地 度 亡灵

Ginhcanz Dungzswj haeujbae baiq
金蝉 童子 进去 拜
Soengq mwngz Yizlaiz guh lauxsae
送 你 如来 做 老师
Gaicawq Ginhcanz yaek miz nanh
注定 金蝉 要 有 难
Menh hoij Yizlaiz fouz fapging
慢 悔 如来 无 法经

Yizlaiz lienzseiz couh caiz caez
如来 连忙 就 才 齐
Fat gvaq Dunghduj daeuj dakseng
发 过 东土 来 托生
Fat gvaq Dunghduj daeuj okseiq
发 过 东土 来 出世
Lwg Cinz Gvanghyuij yaek mingz dangz
孩子 陈 光蕊 要 明 堂

Gvanghyuij cij guh Cinz Yenzcang
光蕊 才 做 陈 玄奘
Cingj ging Sanhcang ndaej cienz mingz
请 经 三藏 得 传 明
Gaicawq Daicungh yaek miz nanh
注定 太宗 要 有 难

Bae bauq lungzvangz dih saehcingz
去 报 龙王 的 事情

Daicungh bae yaemfouj doiq saeh
太宗 去 阴府 退 事
Ndaej dauq yiengzgan cienz lwgminz
得 回 阳间 传 人民
Ndaej dauq yiengzgan cienz beksingq
得 回 阳间 传 百姓
Suijluz Davei cenq guhvwnz
水陆 大会 荐 孤魂

Suijluz davei cienz roek baez
水陆 大会 传 六 遍
Seizneix Dawz gyauq neix ma byaij
现在 拿 教 这 来 摆
Ciep dawz ginggyauq neix ma cenq
接 拿 经教 这 来 荐
Mienx doh lwnzhoiz noix cuengqsim
免 度 轮回 少 放心

Aenvih yauswj bohmeh laux
因为 孝子 父母 老
Fwngcingj song gyauq daeuj hai ging
奉请 两 教 来 开 经
Fwngcingj song gyauq daeuj hai soq
奉请 两 教 来 开 数

Cingj mingz cingj coh foz ndawy aem
请 名 请 名字 佛 里 阴间

Samcaet sou cai hai dungguj
三七 你们 斋 开 痛苦
Cix niemh fozcuj mij dauq daengz
就 念 佛祖 没 来 到
Diemj daeng siuyieng cix dungguj
点 灯 烧香 也 痛苦
Cix niemh fozcuj mij daeuj daengz
就 念 佛祖 没 来 到

Diemj daeng siuyieng cix niemh fap
点 灯 烧香 也 念 法
Namzhaij Buzsaz daeuj gyangq yenz
南海 菩萨 来 降 筵(席)
Buzsaz mbin mbwn seih ciu naengh
菩萨 飞 天 就是 招 坐
Duet buh gvaq mbiengj hai song fwngz
脱 衣服 过 边 开 两 手

Buzsaz gwnzdaiz duz gag nauh
菩萨 台上 个 自己 闹
Duz naeuz ginggyauq sou mij caen
个 说 经教 你们 不 真
Gvanhyinh gwnzdaiz riunyumnyum
观音 台上 笑眯眯

Gijneix cih gyauq yungh mbouj baenz
这些 施 教 用 不 成

Duz naeuz sihdenh le Duhgoz
个 说 西天 了 都国
Fozcuj miz gyauq Sanhcang Gingh
佛祖 有 教 三藏 经
It cang damz mbwn ngeih damz deih
一 藏 谈 天 二 谈 地
Sam cang doh fangz mienx cuengqsim
三 藏 度 鬼 免 放心

Yauswj ndaejnyi sim vuenheij
孝子 听见 心 欢喜
Youh heuh saeseiq daeuj baij yenz
又 叫 四师 来 摆 筵(席)
Seiqsae baij yenz le vanzbei
四师 摆 筵(席) 了 完备
Cingj sou haj vih daeuj hai ging
请 你们 五 位 来 开 经

Yaucuj hai vah cungq vih naeuz
孝主 开 话 众 位 说
Sou baez coenz hauq dingq gou naeuz
你们 一 句 好 听 我 说
Buzsaz gwnzdaiz riunyumnyum
菩萨 台上 笑眯眯

Gijneix cih ging yungh mbouj baenz
这个 字 经 用 不 成

Bouxlawz ndaej bae aeu ginggyauq
哪个 得 去 取 经教
Ma cenq bouxlaux dauq baenz vunz
来 荐 老人 又 成 人
Cungq vih ndaejnyi coenz yienghneix
众 位 听见 句 这样
Dem gyoengq swnghyinz doengz cai'ngeix
和 众 僧人 同 猜想

Yenzcang hai vah lwgsae naeuz
玄奘 开 话 徒弟 说
Cix wngq yaucuj bae aeuging
就 答应 孝主 去 取经
Lwgsae hai vah saefouh naeuz
徒弟 开 话 师傅 说
Guk beuq caiz langz loh nanz doeng
虎 豹 豺 狼 路 难 通

Sihdenh diuz loh de cingq dangj
西天 条 路 它 正 挡
Bet cib it nanz cix ndaej doeng
八 十 一 难 才 得 通
Saefouh lwgsae ngeix caez liux
师父 徒弟 想 齐 了

Nyienh bae dieg foz aeu caen ging
愿意 去 地 佛 取 真 经

Saefouh lwgsae doengz gangj vah
师父 徒弟 同 讲 话
Diuz loh de dangj cix goj bae
条 路 它 挡 也 可 去
Yaucuj ndaejnyi sim vuenheij
孝主 听见 心 欢喜
Baiq seiq beixnuengx caemh liengzsim
拜 四 兄弟 共 良心

Yaucuj youh gingq sam boi laeuj
孝主 又 敬 二 杯 酒
Suenq mwngz saefouh cingq miz sim
算 你 师父 正 有 心
Mwngz doengz saefouh gangj vanzbei
你 同 师父 讲 完备
Gangj daengz gizneix couh haidin
讲 到 这里 就 上路(启程)

Youh byaij it leix daengz song leix
又 走 一 里 到 两 里
Bae daengz gizneix mij rox roen
去 到 这里 不 懂 路
Bae daengz gizneix mij rox mbanj
去 到 这里 不 懂 村

Doek roengz gyang dat bae buenq gyang
跌 下 中间 山崖 去 半 中间

Aeu song boux vunz bae buenq loh
要 两 个 人 去 半 路
Daegmax dangh haz goj din fwngz
公马 走 茅草 裹 脚 手
Gou hawj mwngz bae mbouj baihlaj
我 给 你 去 不 下面
Hawj mwngz gwih max bae aeuging
给 你 骑 马 去 取经

Gaicawq sam sou yaek miz nanh
注定 三 你们 要 有 难
Couh dingq gveijvangz gwn song vunz
就 听 鬼王 吃 两 人
Ngoenzde miz lingz engq miz singq
那天 有 灵 更 有 圣
Sihdenh yenj singq daeuj daengz limz
西天 显 圣 来 到 光临

Daibwz Ginhsingh daeuj gouq nanh
太白 金星 来 救 难
Mwngz youq gyang dat ndaej duet ndang
你 在 中间 山崖 得 脱 身
Yenzcang naeuz Ginhsingh baujgya
玄奘 说 金星 保驾

Ginhyinz duzmax bae aeuging
金银 马 去 取经

Youh byaij it leix daengz song leix
又 走 一 里 到 两 里
Bae daengz gizneix gwnz ndoi sang
去 到 这里 上 山坡 高
Daengz gwnz ndoi sang mwngz youh daengj
到 上 山坡 高 你 又 等
Guk beuq caiz langz daeuj daengj roen
虎 豹 豺 狼 来 拦 路

Guk beuq caiz langz youh yaek haeb
虎 豹 豺 狼 又 要 咬
Duzguk daeuj daengz youh yaek gwn
老虎 来 到 又 要 吃
Yenzcang miz lingz engq miz singq
玄奘 有 灵 更 有 圣
Cix Liuz Bwzginh daeuj youh gwn
就 刘 伯钦 来 又 吃

Bwzginh hai vah Yenzcang naeuz
伯钦 开 话 玄奘 说
Bauj mwngz bouxlaux gaej yousim
保 你 老人 别 忧心
Goj caemh duhraeuz ij bwnj guek
可 共 我们 要 本 国

Bauj mwngz gwnz loh bae aeuging
保 你 上 路 去 取经

Yenzcang gag youq gag swhsiengj
玄奘 自己 在 自己 思想
Hix haeuj Bwzginh bae dou ranz
也 进 伯钦 去 门 家
Bwzginh gag youq gag suenq raeuz
伯钦 自己 在 自己 算计 我们
Siengj gaj duz mou ma cawj dang
想 杀 只 猪 来 煮 汤

Yenzcang gwn cix mbouj gamj lingx
玄奘 吃 也 不 敢 领
Gou le siuhsinh noh mij gwn
我 呢 修身 肉 不 吃
Haetlaeng hwnqninz caengz swiq naj
第二天早上 起床 未曾 洗 脸
Fanz gyaq Bwzginh doengzdoih byaij
烦 驾 伯钦 一起 走

Bae daengz it leix daengz song leix
去 到 一 里 到 两 里
Bae daengz gizneix Byasonggyaiq
去 到 这里 两界山
Bae daengz gizneix Byahajhengz
去 到 这里 五行山

Bwzginh hai vah song sam coenz
伯钦 开 话 两 三 句

Fug de Yizlaiz gyaeng Houzvangz
服 她 如来 关 猴王

Youq laj Hengzbya haj bak bi
在 下 行山 五 百 年

Haj bak bi cin mij gwn haeux
五 百 年 春 不 吃 饭

Gorum ciuq gingq guh yinghyungz
杂草 照 镜 做 英雄

Yenzcang diem din bae daengz bangx
玄奘 提 脚 去 到 旁边

Houzvangz hai cingj song sam coenz
猴王 开 请 两 三 句

Saefouh hai vah Houzvangz naeuz
师父 开 话 猴王 说

Dangco mwngz guh yienghlawz vunz
当初 你 做 哪样 人

Houzvangz dangciengz lienzseiz lwnh
猴王 当场 连忙 论

Gou guh Houzgungh ij mingzdangz
我 做 猴公 要 名堂

Gou guh Houzvangz nauh Denhgungh
我 做 猴王 闹 天宫

Yizlaiz cojsae dawz ma gyaeng
如来 师祖 拿 来 关

Gvanhyinh ngoenz bae baih Dunghduj
观音 今天 去 边 东土
Ciu aeu vunz ndei bae aeuging
招 要 人 好 去 取经
Gou naeuz baz gouq baz mbouj gouq
我 说 女人(如来) 救 女人(如来) 不 救
Cog naeuz saefouh menh bauj singq
以后 说 师父 再 保 圣

Ngoenzneix saefouh daeuj daengz neix
今天 师父 来 到 这
Gaeuj mwngz bauj gouq gou daengz gwnz
看 你 保 救 我 到 上
Mwngz le ndaej gouq ok rin daeuj
你 呢 得 救 出 石头 来
Gou nyienh buenx roen bae aeuging
我 愿 陪伴 路 去 取经

Saefouh hai vah Houzgungh naeuz
师父 开 话 猴公 说
Mwngz baez coenz hauq dingq gou naeuz
你 一 句 好 听 我 说
Mij miz langz rin mij miz siuq
没 有 榔头 石头 没 有 凿子

Yienghlawz bauj gouq ndaej daengz gwnz
怎样 保 救 得 到 上

Houzgungh hai vah saefouh naeuz
猴公 开 话 师父 说
Mwngz gaeuj dingjbya miz canj gim
你 看 山顶 有 铲 金
Yizlaiz aeu fuz dawz ma gaiq
如来 要 符 拿 来 盖
Gwnzde miz sawcih canj gim
上面 有 文字 铲 金

Saefouh bae daengz fwngz haeuj yinx
师父 去 到 手 进 指引
Houzgungh hoiz vih ok laj rin
猴公 回 位 出 下 石头
Houzgungh okdaeuj baiq saefouh
猴公 出来 拜 师父
Gyo mwngz baujyou ok laj rin
多亏 你 保佑 出 下 石头

Gou le miz nanh mwngz ndaej gouq
我 呢 有 难 你 得 救
Hoh mwngz saefouh bae aeuging
保护 你 师父 去 取经
Saefouh lienz gvaq Sunh Hingzcej
师父 连忙 卦 孙 行者

Doengz Liuz Bwzginh caemh liengzsim
同 刘 伯钦 同 良心

Hingzcej fuz saefouh hwnj max
行者 扶 师父 上 马
Sou le baihlaj doengz hoh ndang
你们 呢 下面 同 护 身体
Youh byaij it leix daengz song leix
又 走 一 里 到 两 里
Bae daengz gizneix Sezbanzsanh
去 到 这里 蛇盘山

Daengz Sezbanzsanh Giujniusuij
到 蛇盘山 九尿水
Bwzlungz daeuj neix daengj gwn vunz
白龙 来 这 等 吃 人
Bwzlungz daeuj neix daengj daihloh
白龙 来 这 等 大路
Daegmax dangj ha lanz duz gwn
公马 挡 呀 拦 只 吃

Cij danq Laujswnh rox bienqvaq
只 叹 老孙 会 变化
Gip haeuj yaek gaj mwngz Bwzlungz
急 进 要 杀 你 白龙
Yilungz dauq bienq guh bwzmaj
玉龙 又 变 做 白马

Doh sou gvaq gyaeuj bae aeuging
渡 你们 过 头 去 取经

Sou doengz gwn caez souj hengz ndei
你们 同 吃 齐 守 行 善
Doengz nyienh guh max bae aeuging
同 愿 做 马 去 取经
Youh byaij it leix daengz song leix
又 走 一 里 到 两 里
Bae daengz gizneix Fuzlingzsanh
去 到 这里 福灵山

Bae daengz Daujsanhcang guekgyaiq
去 到 岛山藏 国界
Hix haeuj Lauxcang bae gwn caz
就 进 老庄 去 喝 茶
Sou le gwn caz lai yienzbei
你们 呢 喝 茶 多 完备
Caeuq goeng hengz laex gangj song coenz
和 公 行 礼 讲 两 句

Gou le miz dah lwgmbwk meh
我 呢 有 个（女孩） 妇女 母
Youq ranz nienz laux sam cib cin
在 家 年 老 三 十 春
Ndaej ngeih cib bi caengz baehaq
得 二 十 岁 未 出嫁

Iucing bienqvaq okdaeuj naeuz
妖精 变化 出来 说

Yienghlawz ndaej dawz iucing gvaiq
怎样 得 捉拿 妖精 怪
Cien bi fanh daih mbouj lumz cingz
千 年 万 代 不 忘 情
Cij danq Laujswnh caengz bienqvaq
只 叹 老孙 未 变化
Vaq guh siujcej haeuj fan ninz
化 做 小姐 进 被子 睡

Hwnz daengz sam geng vunz ninz dingh
夜晚 到 三 更 人 睡 静
Iucing lingh le cingq ma daengz
妖精 另外 呢 正 来 到
Laujswnh lienzseiz cam hengzlingh
老孙 连忙 问 行令
Dawz Cuh Vunwngz ma daengz fwngz
捉 猪 悟能 来 到 手

Hingzcej hai vah iucing naeuz
行者 开 话 妖精 说
Mwngz hauh mwngz guh gijmaz vunz
你 号 你 做 什么 人
Iucing dangciengz lienzseiz lwnh
妖精 当场 连忙 论

Guh cai Vunwngz cih mingzdangz
做 斋 悟能 的 名堂

Bietmingz gou guh Cuhbazgai
别名 我 做 猪八戒
Baiq mwngz Hingzcej guh laux gou
拜 你 行者 做 老 我
Baiq Cinz Yenzcang guh saefouh
拜 陈 玄奘 做 师父
Gou nyienh dawzrap bae aeuging
我 愿 挑担 去 取经

Youh byaij it leix daengz song leix
又 走 一 里 到 两 里
Bae daengz gizneix Sahhozdanh
去 到 这里 沙河滩
Bae daengz gizneix Liuzsahhoz
去 到 这里 流沙河
Iucing dem loh daeuj daengj roen
妖精 抄 路 来 挡 路

Hingzcej bae daengz daj mij gvaq
行者 去 到 打 不 过
Ij bae Namzhaij cam Gvanhyinh
要 去 南海 问 观音
Namzhaij Gvanhyinh lienzseiz lwnh
南海 观音 连忙 论

Naeuz Sah Vucing guh iucing
说 沙 悟净 做 妖精

Gvanhyinh daeuj daengz Liuzsahhoz
观音 来 到 流沙河
Naeuz Sah Vucing miz liengzsim
说 沙 悟净 有 良心
Vucing ndaejnyi coenz yienghneix
悟净 听见 句 这样
Baiq mwngz Yenzcang bae cingj ging
拜 你 玄奘 去 请 经

Youh byaij it leix daengz song leix
又 走 一 里 到 两 里
Bae daengz gizneix Dungzdaizgvanh
去 到 这里 同台关
Bae daengz gizneix Dungzdaizfuj
去 到 这里 同台府
Miz boux hengz ndei daeuj ciepcoux
有 个 行 善 来 迎接

Baihlaeng Dungzfuj miz aen yienh
后面 同府 有 个 县
Miz boux huzsiengh daeuj ciepcoux
有 个 和尚 来 迎接
Gij hakguen rog daeuj ciep ndaej
那 官员 外面 来 接 得

Ciep sou haeuj neix bae gwn caz
接 你们 进 这 去 喝 茶

Haeujbae gwn caz gangj miz leix
进去 喝 茶 讲 有 理

Goj sou saefouh youq geij ngoenz
可 接纳 师父 住 几 天

Sou gangj cingzyouz le vanzbei
你们 讲 情由 了 完备

Saefouh gwih max youh byaij roen
师父 骑 马 又 走 路

Gaicawq yenzvai yaek miz nanh
注定 员外 要 有 难

De soengq Sanhcang youh dauqlaeng
他 送 三藏 又 回头

Dingq caeg daj dou ndaek dengjdingj
听见 贼 从 门 敲 叮当

Mouz caiz haih mingh cij dai ndang
谋 财 害 命 才 死 身体

Mehbaz yenzvai gag ngeix gangj
老婆 员外 自己 想 讲

Dangh de Sanhcang dauqma mouz
如果 他 三藏 回 来谋(算计)

Diemj feiz remj de naj Sanhcang
点 火 烧焦 他 脸 三藏

Gim ngaenz gyadangq baz yaek aeu
金 银 家当 扒 要 要

Dawz rap raen naj Sah Vucing
挑 担 看见 脸 沙 悟净
Haih mingh boh mwngz Hingzcej mouz
害 命 父亲 你 行者 谋
Raen Liengz Gvandung mbouj fug heiq
看见 梁 冠冻 不 服 气
Couh hwnj caekeiq bae bauq vangz
就 起 主意 去 报 王

Gozvangz raen cwngz hwnjbae gauq
国王 看见 呈报 上去 告
Haj bak bingmax haeujbae dawz
五 百 兵马 进去 捉
Gaen laeng saefouh ok ranz miuh
跟 后面 师父 出 屋 庙
Gyoengq caeg bae diu cingq daeuj daengz
众 贼 去 调 正 来 到

Sanhcang hai vah gyoengq caeg naeuz
三藏 开 话 众 贼 说
Sou le bae diu dajgez vunz
你们 呢 去 调 打劫 人
Saefouh Hingzcej doengzcaez gaenx
师父 行者 一起 打

Doh sou gyoengq caeg doiq gyacang
打 你们 众 贼 退 家装

Gyoengq caeg doiq cang le vanzbei
众 贼 退 家装 了 完备
Youh gaij dawzrap youq baihlaeng
又 改 挑担 在 后面
Sanhcang sim dem dauq miz vah
三藏 心 和 又 有 话
Haj bak bing max gaemh ndaej dawz
五 百 兵 马 抓 得 住

Dawz sou seiq vunz mbouj gamj gouq
抓住 你们 四 人 不 敢 救
Dawz haeuj denhlauz neix bae gyaeng
拿 进 天牢 这 去 关
Diu sou huzsiengh bae doiq saeh
调 你们 和尚 去 对 事
Sou le gaj caen mbouj gaj caen
你们 呢 杀 真 不 杀 真

Liengz Gvandung daeuj doiq mij gvaq
梁 冠冻 来 对 不 过
Hingzcej youh vaq bae Yenzloz
行者 又 变化 去 阎罗
Bae daengz Yenzloz cam Cangvangz
去 到 阎罗 问 藏王

Gvanhungz bouxlawz gaj de dai
冠冻 哪个 杀 他 死

Sancang ndaejnyi Hingzcej lwnh
三藏 听见 行者 论
Doiq mwngz Gvandung dauq yiengzgan
退 你 冠冻 回 阳间
Gvandung dai dauq cix sieng coux
冠冻 死 回 就 相 迎
Doengz gvih saefouh sou yiengh cingz
同 跪 师父 你们 样 情

Vunz raeuz sim cungh dem hingz ndei
人 我们 心 忠 和 行 善
Dai bae cib dienh dauq vanz yiengz
死 去 十 殿 又 还 阳
Sou gangj cingzyouz le vanzbei
你们 讲 情由 了 完备
Saefouh gwih max youh byaij roen
师父 骑 马 又 走 路

Bae daengz sihdenh le Cuzgoz
去 到 西天 了 竺国
Daengz Leizyinhsw Yenzmingzdangz
到 雷音寺 元明堂
Ginhgangh bae daengz bauq Yizlaiz
金刚 去 到 报 如来

Dangzcauz daeuj bauq aeu caen ging
唐朝 来 报 取 真 经

Yizlaiz ndaejnyi coenz yienghneix
如来 听见 句 这样
Heuh mwngz Dangzsaeng daeuj daengz dangz
叫 你 唐僧 来 到 堂(上)
Dangzsaeng bae daengz saet roengz gvih
唐僧 去 到 跑 下 跪
Baiq mwngz bohlaux aeu caen ging
拜 你 老父 取 真 经

Yizlaiz ndaejnyi Dangzsaeng naeuz
如来 听见 唐僧 说
Dunghduj mbouj caux baenz mbouj vunz
东土 不 造 成 不 人
Mbouj yinz mbouj yi cienz mbouj ok
不 仁 不 义 传 不 出
Mbouj doeng ndaej loz(angq) fouzsoq vunz
不 通 得 乐 无数 人

Coih naek fanh gaen nanz ndaej mienx
罪 重 万 斤 难 得 免
Dai le dauq bienq baenz cukseng
死 了 又 变 成 畜生
Mwngz le aeuging neix bae ho
你 呢 取经 这 去 呀

Mienx doh lwnzveiz siuj mazfanz
免 度 轮回 少 麻烦

Mienx doh lwnzveiz mbouj fanz cwnz
免 度 轮回 不 麻烦 巡查
Gou le miz gyauq Sanhcang Ging
我 呢 有 教 三藏 经(文)
It cang damz mbwn ngeih damz deih
一 藏 谈 天 二 谈 地
Sam cang doh gveij mienx fanzsim
三 藏 度 鬼 免 烦心

Cungjgungh miz sam cib haj bouh
总共 有 三 十 五 部
It fanh haj cien it bak rim
一 万 五 千 一 百 满
Seiq cib bet gienj lingz haj bouh
四 十 八 卷 零 五 部
Bae baih Dunghduj mienx fanzsim
去 那边 东土 免 烦心

Yizlaiz hai vah Gyahyez naeuz
如来 开 话 迦叶 说
Hawj mwngz lwgsae bae diemj ging
给 你 徒弟 去 点 经(文)
Gyahyez diemj ging le vanzbei
迦叶 点 经(文) 了 完备

Dangzsaeng lienzseiz dawz ma cang
唐僧 连忙 拿 来 装

Yenzcang couh cang guh song rap
玄奘 就 装 做 两 担
Dwk hwnj an max mbouj yousim
放 上 鞍 马 不 忧心
Yenzcang ndaej ging couh bae baiq
玄奘 得 经(文) 就 去 拜
Biek boux Yizlaiz couh doiqdin
辞别 个 如来 就 返回

Mwngz le doiqdin daengz buenq roen
你 呢 返回 到 半 路
Yenzdwngh de goj okdaeuj naeuz
元灯 他 可 出来 说
Hawj mwngz yungzcunh okdaeuj lwnh
给 你 雄尊 出来 论
Gij ging fouz saw yungh mbouj baenz
那 经 无 字 用 不 成

Dangzsaeng ndaejnyi coenz yienghneix
唐僧 听见 句 这样
Lienzmuengz doiq vih ma baihlaeng
连忙 退 位 来 后面
Mwngz le dauqlaeng gouz Yizlaiz
你 呢 回头 求 如来

Baiq gouz bohlaux aeu caen ging
拜 求 老人 取 真 经

Dangzsaeng cix gouz hix doeknaiq
唐僧 就 求 就 丧气
Caen ndang Yizlaiz daeuj diemj ging
亲 身 如来 来 点 经(文)
Yizlaiz hai vah Dangzsaeng naeuz
如来 开 话 唐僧 说
Mwngz dauq Dunghduj mwngz cij cienz
你 回 东土 你 才 传

Siuhsinh muyi dem caez gaiq
修身 沐浴 和 齐 戒
Caen ndang Yizlaiz dauq gyang yenz
亲 身 如来 又 降 筵
Dangzsaeng ndaejnyi lienzseiz baiq
唐僧 听见 连忙 拜
Diemj aen Yizlaiz mbouj lumz cingz
点 恩 如来 不 忘 情

Mwngz ndaej caen ging le vanzbei
你 得 真 经 了 完备
Dangzsaeng doiq vih dauqlilin
唐僧 退 位 匆匆回
Dauq daengz gizneix Dunghdenhhoz
回 到 这里 通天河

Sou gaeuj seiqcawq loh mij doeng
你们 看 四处 路 不 通

Sawqmwh byaleix hwnjdaeuj gouq
突然 鲤鱼 上来 救
Hoh sou saefouh gaej yousim
保护 你们 师父 别 忧心
Vugungh saet laeng hanh sou gvaq
孙悟空 跑 后面 限 你们 过
Bae daengz gyang dah duz youh cam
去 到 中间 河 只 又 问

Doz can duz geiq song coenz vah
驮 一阵子 只 记得 两 句 话
Sou le baenaj yienghlawz cam
你们 呢 往前 怎样 问
Sou le bae cam duz fozcuj
你们 呢 去 问 只 佛祖
Duz naeuz seizlawz gou baenz lungz
个 说 哪时 我 成 龙

Dangzsaeng dangciengz mij miz vah
唐僧 当场 没 有 话
Byaleix bienqvaq roengz ndaw haij
鲤鱼 变化 下 里 海
Lienz ging lienz gyauq mbat dauq dumz
连 经(文) 连 教 次 又 湿

Lienz vunz lienz max mbat dauq caem
连 人 连 马 次 又 沉(下去)

Cij danq Laujswnh bolo bienq
只 叹 老孙 骨碌 变
Fuz mwngz saefouh ndaej daengz gwnz
扶 你 师父 得 到 上面
Dauq daengz gwnz dah bienqsasa
回 到 上面 河 变沙沙
Miz raq rumz ci okdaeuj cung
有 阵 风 吹 出来 冲

Seiqcawq dingh naengz mbouj ndaej ndoj
四处 定 能 不 得 躲
Gveijmoz siengj duet sou aeu ging
鬼魔 想 抢夺 你们 要 经(文)
Sou dawz ginggyauq neix ma doz
你们 拿 经教 这 来 驮
Sawqnwh heiqndat okdaeuj cung
突然 热气 出来 冲

Sou doz ginggyauq miz lingsingq
你们 驮 经教 有 灵圣
Cinz Dengh Cinz Cingh okdaeuj fungz
陈 澄 陈 清 出来 逢
Cinz Dengh hai vah saefouh naeuz
陈 澄 开 话 师父 说

Yaen yiengh ginggyauq guh lawz caem
因为 怎样 经教 做 哪样 沉(下水)

Duet can duz geiq song coenz vah
抢夺 一阵子 个 记得 两 句 话
Hai le bae daengz mij gamj cam
开 了 去 到 不 敢 问
Daeuj le mij aen ndaej yungh gvaq
来 了 没 个 得 用 过
Doh daeuj gvaq dah gij cij caem
渡 来 过 河 那 才 沉(下去)

Daeuj le cij dangh ginggyauq dumz
来 了 才 蹚(水) 经教 湿
Miz gij doeg ndaej gij doeg mij
有 那 读 得 那 读 不(得)
Miz youq giz laeuh giz cix doek
有 在 处 漏 处 也 落
Miz giz youq gag mij caezcienz
有 处 在 自己 不 齐全

Sou le doz ging le vanzbei
你们 呢 驮 经 了 完备
Lienzseiz doiq vih dauqlilinz
连忙 退 位 匆匆回
Sou le doz dauq daengz lohvaiz
你们 呢 驮 回 到 大路

Cinz Dengh song vih daeuj ciepcoux
陈 澄 两 位 来 迎接

Haeuj ranz gwn caz gangj cingzngeih
进 家 喝 茶 讲 情谊
Cinz Cingh dauhleix gangj song coenz
陈 清 道理 讲 两 句
Laeq daeuj gangjgonq gyoengq bouxlaux
小子 来 前面 众 老人
Caengh gim gvan bauj gyau daengz gwnz
秤 金 关 宝 交 到 上面

Sou le doxbiek le vanzbei
你们 呢 告别 了 完备
Lienzseiz doiq vih dauqlilin
连忙 退 位 匆匆回
Sou le doxdauq daengz buenq roen
你们 呢 回来 到 半 路
Bet Daih Gimgang daeuj daengz limz
八 大 金刚 来 到 来临

Bet Daih Gimgang daeuj doq vaq
八 大 金刚 来 就 变化
Vaq sou seiq vunz dauq daengz ging
变化 你们 四 人 回 到 京城
Vaq sou seiq vunz dauq Dunghduj
变化 你们 四 人 回 东土

Dangzvuengz lienzseiz daeuj ciepcoux
唐皇 连忙 来 迎接

Dangzsaeng dauq daengz saet roengz gvih
唐僧 回 到 跑 下 跪
Daicungh hengz ndaej heuh hwnj ndoeng
太宗 行(礼) 得 叫 上 山林
Daihcungh hai vah saefouh naeuz
太宗 开 话 师父 说
Sam vih lwgsae yienghlawz vunz
三 位 徒弟 怎样 人

Sanhcang hai vah Daicungh naeuz
三藏 开 话 太宗 说
Gyoengqde sam vih cix ndaej ging
他们 三 位 也 得 经
Naeuz daih lwgsae Swnh Vugungh
说 大 徒弟 孙 悟空
De cingj Vunwngz daihngeih mingz
他 请 悟能 第二 名

Naeuz sam lwgsae Sah Vucing
说 三 徒弟 沙 悟净
Duz dang gag roengz lwg lauxlungz
个 当 自己 下 儿子 老龙
Gou bae sihdenh gouz fozcuj
我 去 西天 求 佛祖

Gou sam cib haj bouh caen ging
我 三 十 五 部 真 经

Haj cien lingz seiq cib bet gienj
五 千 零 四 十 八 卷

Hawj raeuz hengz ndei caez souj sim
给 我们 行 善 齐 守 心

Cib fanh bet cien lingz gij roen
十 万 八 千 零 几 路

Sinhoj souh nanh betit gvan
辛苦 受 难 八十一 关

Daicungh ndaejnyi coenz yienghneix
太宗 听见 句 这样

Couh baij daiz vih muenx rim daiz
就 摆 台 位 满 满 桌

Mwngz doengz Daicungh guh dauh ndaej
你 同 太宗 做 道 可以

Sou le doiq vih dauq miuhdangz
你们 呢 退 位 回 庙堂

Mwngz doiq bae daengz Hungzfuzsw
你 退 去 到 弘福寺

Gyoengq huzsiengh iq daeuj ciepcoux
众 和尚 小 来 迎接

Gyoengq huzsiengh iq daeuj ciep ndaej
众 和尚 小 来 接 得

Vuenvuen heijheij youq soeng'yungz
欢欢 喜喜 在 从容

Haetlaeng hwnqninz caengz swiq naj
第二天早上 起床 未 洗 脸
Daicungh miz vah daeuj haeuj ging
太宗 有 话 来 进 京
Sancang ndaejnyi coenz yienghneix
三藏 听见 句 这样
Lienzseiz ma vih bae daengz limz
连忙 回 位 去 到 来临

Daicungh hai vah Sanhcang naeuz
太宗 开 话 三藏 说
Suijluz Davei cenq swnh hoenz
水陆 大会 荐 孙 魂
Raeuz le daj Suijluz Davei
我们 呢 打 水陆 大会
Bang gou bouxbeix niemh caen ging
帮 我 老兄 念 真 经

Sanhcang ndaejnyi sim vuenheij
三藏 听见 心 欢喜
Ngeix gyoengq lwgsae niemh caen ging
想 众 徒弟 念 真 经
Haeuj Yendazsw bae de niemh
进 雁塔寺 去 他 念

Cauhdoz youhlingz doh fangzhoenz
超度 幽灵 度 鬼魂

Sanhcang couh baiz ging roengz niemh
三藏 就 摆 经(文) 下 念
Bet Daih Gimgang vaq daeuj daengz
八 大 金刚 变化 来 到
Raeuz caez gyauq ging hawj vangz naeuz
我们 齐 教 经 给 王 说
Raeuz doengz youq neix caez gyauq ging
我们 同 在 这 齐 教 经

Sou le dangciengz biek gaihya
你们 呢 当场 告别 阶下
Sou le ndaej vaq bae sihdenh
你们 呢 得 变化 去 西天
Yizlaiz youh naeuz Swnh Vugungh
如来 又 说 孙 悟空
Fung mwngz it vih guh fozhung
封 你 一 位 做 大佛

De le youh naeuz Cubazgai
他 呢 又 说 猪八戒
Denhfwngz Yenzsai cingq seih mwngz
天蓬 元帅 正 是 你
Yizlaiz youh naeuz Sah Vucing
如来 又 说 沙 悟净

Gienj Liemz Daihcieng seih dwg mwngz
卷 帘 大将 就 是 你

De le youh naeuz daengz duzmax
他 呢 又 说 到 马
Mwngz lwg lungzvangz daihhaij ndaw
你 孩子 龙王 大海 中
Yizlaiz dawz vah daengq liux bae
如来 把 话 吩咐 完 去
Haj sou youq ndaw dingq niemh ging
五(位) 你们 在 里面 听 念 经

Haj sou youq neix dingq ging gienj
五(位) 你们 在 这里 听 经 卷
Dunghduj cinhsin dawz ma gang
东土 亲信 拿 来 扛
Dunghduj daj Suijluz Davei
东土 打 水陆 大会
Sou le youq neix bae gyangq yenz
你们 呢 在 这 去 降 筵

Diemj daeng daj Suijluz niemh fap
点 灯 打 水陆 念 法
Sihdenh buzsaz bae gaenlaeng
西天 菩萨 去 后面
Sihdenh Yizlaiz cix daeuj wngq
西天 如来 也 来 应

Daisang Laujginh cix daeuj daengz
太上 老君 也 来 到

Sam yenzsai cawj caez hengz gyauq
三 元帅 主 齐 行 教
Sam cingj sambauj gungh ciuswng
三 请 三宝 共 超升
Sam cingj sambauj gungh ciudoh
三 请 三宝 共 超度
Ciudoh sambauj hwnj denhdingz
超度 三宝 上 天庭

Dauh le gaem fan daeuj haeuj lo
道 呢 拿 幡旗 来 进 了
Haj lingz caet foz gungh ciuswng
五 灵 七 佛 共 超升
Youq gyauq cij baengh Dangz Sanhcang
在 教 只 靠 唐 三藏
Caen Cinz Yenzcang foz mingzdangz
真 陈 玄奘 佛 明堂

Gvanhyinh lauxmeh daeuj gyavu
观音 老母 来 驾雾
Raeuz baih Dunghduj cix ndaej cienz
我们 那边 东土 就 得 传(经)
Gag de lij lai byaij lij raeuz
独 她 还 多 走 还(有) 我们

Cwnz gvaq sihyouz cix rox caen
巡 过 西游 就 懂 真

Sihyouz miz bet cib it nanz
西游 有 八 十 一 难
Hojlienz Sanhcang ndaej bae doeng
可怜 三藏 得 去 通
Bae daengz sihdenh sinhoj lwnh
去 到 西天 辛苦 论
Baih saet diuz mingh bae ndaw yaem
差点 失 条 命 去 里 阴间

Baih saet diuz mingh bae haeujnamh
差点 失 条 命 去 入土
Iucing dohdoh daeuj daengz roen
妖精 段段 来 到 路(上)
Cij danq Sancang miz gviqvunz
只 叹 三藏 有 贵人
Louz ndaej diuz mingh bae daengz ging
留 得 条 命 去 到 京(城)

Sancang miz gviqvunz baujgya
三藏 有 贵人 保驾
Daj gvaq iucing ndaej caen ging
打 过 妖精 得 真 经
Louz ndaej diuz mingh dauq Dunghduj
留 得 条 命 回 东土
Caux ndaej cienz doh laj fanzminz
造 得(经文) 传 遍 下 凡民

Ngeih、Dangzsaeng Cingj Ging
二、唐僧请经

Ngiengx gyaeuj youh dajyieng couh diuq
昂 首 又 烧香 就 吊
Goemz gyaeuj youh daj daibingz cin
俯 首 又 打 太平 春
Dingq ndaej gyong sing doengzlaz yiengj
听 见 鼓 声 铜铃 响
Danq ciengq Dangzsaeng bae cingj ging
叹 唱 唐僧 去 请 经

Danq ciengq Banzguj caux diendeih
叹 唱 盘古 造 天地
Caux ndaej dilij dem yinzminz
造 得 地理 和 人民
Caux ndaej bouxsai dem mehmbwk
造 得 男人 和 女人
Nuengx miz lwg hung beix lwg lwnz
弟 有 孩子 大 哥 孩子 小

Caux ndaej vunz raeuz caengz haeux ciengx
造 得 人 我们 未有 米 养

Cungj gwn namh faex gvaq hwnzngoenz
都 吃 泥土 树(叶) 过 日夜

Cij danq Sinznungz miz daudwz
只 叹 神农 有 道德

Couh yok gohaeux hawj raeuz gwn
就 赐 稻谷 给 我们 吃

Caux ndaej haeuxciem dem haeuxcid
造 得 籼米 和 糯米

Guh ceiz guh faenj hawj raeuz gwn
做 馍馍 做 粉 给 我们 吃

Caux ndaej vunz raeuz caengz buh vaq
造 得 人 我们 未(有) 衣服 裤子

Daj gen loh gengz haemh gvaq ngoenz
露 胳膊 露 身子 夜晚 过 白天

Hix miz Couhgungh daj gigiuj
就 有 周公 打 技巧

Caux ndaej dauq buh dem dauq vunj
造 得 套 衣服 和 套 裙子

Caux ndaej vunz raeuz caengz ranz youq
造 得 人 我们 未(有) 房子 住

Bae laj gofaex youq yiet raemh
去 下 树 住 歇 荫

Cij danq Luj Banh daj gigiuj
只 叹 鲁 班 打 技巧
Caux ndaej ranz ndei dem ranz hung
造 得 房屋 好 和 房屋 大
Mbwn laj hix ma gizneix youq
天 下 也 来 这里 住
Dungx iek hix ma gizneix gwn
肚子 饿 也 来 这里 吃

Seizhaenx hix caengz laeb gveigawj
那时 也 未 立 规矩
Lajfanz sai mbwk luenh guh vwnh
下凡 男 女 乱 为 婚
Mboujlwnh bouxsai lwnh mehmbwk
不论 男人 论(或) 女人
Haemh laep cungj ma doengzdoih ninz
夜晚 黑 都 来 一起 睡

Mbouj faen gunghboz dem simsauj
不 分 公婆 和 婶嫂
Itgai doxcaeuq doengzcaez ninz
一概 共同 一起 睡
Doengzdoih caez ninz mbouj rox haenq
共同 齐 睡 不 懂 恨
Dem faenh duh gou dem duh mwngz
和 份 的 我 和 的 你

Aenvih vunz raeuz guh gvaq nienz
因为 人 我们 做 过 一年
Duz vunz doxgaj doh lajmbwn
个 人 相杀 遍 天下
Hix miz Siuh Hoz dingh lwdlaeh
也 有 萧 何 定 律例
Bouxsai mehmbwk caux gag gwn
男人 女人 造 自己 吃

Danghnaeuz bouxlawz mbouj ciuq fap
如果 哪个 不 依照 法
Bouxsai mehmbwk couh cawz baen
男人 女人 就 除 分
Caux ndaej sanhhoz dem dilij
造 得 山河 和 地理
Youh fouz yizliz dingh faenmingz
又 无 日历 定 分明

Yizgyauq Vwnzvangz caux yizliz
儒教 文王 造 日历
Couh miz ngoenz git dem ngoenz rwix
就 有 日 吉 和 日 凶
It bi youh miz cib ngeih ndwen
一 年 又 有 十 二 月
It ndwen youh miz sam cib ngoenz
一 月 又 有 三 十 天

Youh miz ginh muz suij hoj duj
又 有 金 木 水 火 土
Guengoeng buzgvaq caenh doenglingz
官公 卜卦 尽 灵通
Caux ndaej naz reih dem diuzrij
造 得 田 地 和 溪水
Daumij doengzcaez bae geng ndaem
稻米 一起 去 耕 种

It bi youh miz cib ngeih ndwen
一 年 又 有 十 二 月
It ndwen youh miz sam cib ngoenz
一 月 又 有 三 十 天
Youh miz ginh muz suij hoj duj
又 有 金 木 水 火 土
Guengoeng buzgvaq caenh doenglingz
官公 卜卦 尽 灵通

Caux ndaej naz reih dem diuzrij
造 得 田 地 和 溪水
Daumij doengzcaez bae geng ndaem
稻米 一起 去 耕 种
Cij danq Banzguj caux vaiz max
只 叹 盘古 造 牛 马
Canj rum bangx laj youh bangx gwnz
铲 草 旁 下 又 旁 上

Caux miz duzgaeq dem hanq bit
造 有 鸡 和 鹅 鸭
Youh miz vaiz max dem mou yiengz
又 有 牛 马 和 猪 羊
Seizhaenx mboujcaengz laeb samgyauq
那时 未曾 立 三教
Hix caengz miz dauh dem miz saeng
也 未曾 有 道 和 有 僧

Hix caengz miz ging dem miz gienj
也 未曾 有 经 和 有 卷
Vunz dai gienj dienz dawz bae haem
人 死 卷 被子 拿 去 埋
Hix caengz boux ciu dem boux doh
也 未曾 个 超 和 个 度
Cien fanh sinhoj dauq ma naengh
千 万 辛苦 回 来 坐

Daisang Laujginh laeb samgyauq
太上 老君 立 三教
Couh miz saeng dauh dem saevunz
就 有 僧 道 和 师人
Daih'it bienh seng ndaej yenzcij
第一 便 生 得 元始
Vaq guh fazbauj Sanghcinghgungh
化 作 法宝 上清宫

Daihngeih bienh seng ndaej lingz bauj
第二 便 生 得 灵 宝
Vaq guh lingzbauj Vangzcinghgungh
化 作 灵宝 王清宫
Daihsam bienh seng ndaej daudwz
第三 便 生 得 道德
Vaq guh fap foz Daicinghgungh
化 作 法 佛 太清宫

Sam boux youq gwnz guh sambauj
三 个 在 上 做 三宝
Youh an caux laux naengh gyang mbwn
又 安 造 老 坐 中间 天
Beix le caux mbwn hix naengzganq
兄 呢 造 天 也 能干
Nuengx le caux namh hix naengz baenz
弟 呢 造 地 也 能 成

Youh miz ginh muz suij hoj duj
又 有 金 木 水 火 土
Guengoeng buzgvaq caenh doenglingz
官公 卜卦 尽 灵通
Caux ndaej naz reih dem diuzrij
造 得 田 地 和 溪水
Daumij doengzcaez bae geng ndaem
稻米 一起 去 耕 种

Caux ndaej mbiengj sang dem mbiengj daemq
造 得 边 高 和 边 低
Baihnamz miz raemx baek miz ndoi
南边 有 水 北 有 山坡
Daisang laujginh laeb samgyauq
太上 老君 立 三教
Caux miz saeng gyauq dem saevunz
造 有 僧 教 和 师人

Bouxsaeng cix niemh foz sambauj
僧人 就 念 佛 三宝
Gij dauh gag niemh foz sanhcingh
那些 道(人) 自己 念 佛 三清
Gij sae gag niemh samyenzfoz
那些 师(人) 自己 念 三元佛
Hix naeuz faplwd caux miz gwn
也 说 法律 造 有 吃的

Caux mbwn caux deih gangj mbouj liux
造 天 造 地 讲 不 完
Hix ciengq Dangzsaeng bae cingj ging
也 唱 唐僧 去 请 经
Fuz mwngz yienzlaiz Cinz Gvangjsij
扶 你 原来 陈 广使
Cauzcungh neivai cungj miz mwngz
朝中 内外 都 有 你

Fuz mwngz dangco bae guhgoek
扶 你 当初 去 为首
Mehlaeng roeggap cij seng mwngz
后母 六甲 才 生 你
Sangswh miz boux gaenq oksaeh
上司 有 个 已经 出事
Ciengx ndaej nuzbeih caet boux bing
养 得 奴婢 七 个 兵

Bae daengz gyang roen meh souh nanh
去 到 中间 路 母亲 受 难
Bae coh gwzdan raen canghbya
去 向 客担(挑夫) 看见 渔翁
Coh boux gwzdan raen byaleix
向 个 客担(挑夫) 看见 鲤鱼
Doiq sam diswj Haijlungzginh
对 三 弟子 海龙君

Muenx ndang geijlai miz haj saek
满 身 多少 有 五 色
Fwngz gaem fuzgauh raemxda roengz
手 拿 伏高 眼泪 下
Mboujlwnh duz hung lwnh duz nyaeq
不论 个 大 论(或) 个 小
Langh duz roengz raemx bae rox gwn
放 个 下 水 去 会 吃

Yaek bae singz youq bingh limz daengz
要 去 城里 住 病 来临 到

Bienh ce mehlaux dwk gyang roen
便 留 老母 在 中间 路

Haj cib liengx ngaenz goq diemqbouq
五 十 两 银 雇 店铺

Dem gouq mehlaux gaj feijbingh
还 救 老母 杀 匪兵

Baenaj hix gag ndaej swngyin
往后 也 自己 得 升任

Dauqma couh yinx meh hingzcwngz
回来 就 引 母亲 行程

Haemh hwnq lungzbanz gag caux nanh
夜晚 起来 龙盘 自己 造 难

Caengz ngeix gwzdan miz laisim
未曾 想 客担(挑夫) 有 多心

Gwn laeuj fiz le hengz genhgi
喝 酒 醉了 行 奸计

Gaj Cinz Gvangjsij caet boux bing
杀 陈 广使 七 个 兵

Muenx vunz sousib dwk roengz raemx
隐瞒 人 收拾 丢 下 水

Dan iu Lij Ci dem vunzhek
单 邀 李 氏 和 客人

Ciep saeh baenz boengj buek aeu caenh
接 事 成 堆 搏 要 尽
De gaij mingz singj bae cauzdingz
他 改 名 姓 去 朝廷
Ciemq aeu Lij Ci ma guh yah
占 要 李 氏 来 做 老婆
Yahdaeuz haj dah bauj caez gwn
大老婆 五 个 保 齐 吃

Meh yaek seng mwngz siengj mbouj ndaej
母亲 要 生 你 想 不 得
Boux Cinz Gvangjsij caet boux bing
个 陈 广使 七 个 兵
Gou bae deih gwnz naengh guhgoek
我 去 地 上 坐 为首
Liengzsim mbouj nyienh hawj vunzhek
良心 不 愿 给 客人

Mbaw gaen gwnzgyaeuj baenz luenzlo
张 巾 头上 成 圆圆的
Bauhdaih cingq rim cingq seng mwngz
胞胎 正 满 正 生 你
Boux lwg vunzfou saet gyaeujnaj
个 孩子 人夫 失 脸面
Lau gvaq hek maz rox lij raen
怕 过 客 什么 懂 还 看见

Bak haeb lwgfwngz aeu diemj lwed
口 咬 手指 要 点 血
Aeu lwed sij saw dwk baihlaeng
要 血 写 字 放 后面
Bienh daengq yahdaeuz dwk roengz dah
便 吩咐 大老婆 放 下 河
Caih mwngz dauqlaj bienh dauqgwnz
任由 你 下面 便 上面

Yahdaeuz dangseiz sim nanz nyaenx
大老婆 当时 心 难 忍
Gag aeu goenqngauq daeuj goemq mwngz
自己 要 树根 来 盖 你
An mwngz cuengq youq gwnz goenqngauq
安 你 放 在 上 树根
Dem diuz suijdau cuenq doxroengz
和 条 水道 转 向下

Yahdaeuz dauqma hwnj gwnz muengh
大老婆 回来 上 上面 望
Gaeuj raen goenqngauq fouz haeuj hwnj
看 见 树根 浮 进 岸边
Yahdaeuz cuenq laeng raemxda daeuj
大老婆 转 后 眼泪 来
Nuengx gou bae git rox bae yak
妹妹 我 去 吉 或 去 凶

Goet gim goet gviq gwn roengz raemx
骨 金 骨 贵 吃 下 水
Meh mwngz lienz haemh siengj mbouj raen
母亲 你 连 夜 想 不 见
Louz bae Ginhsanh dasw guenj
游 去 金山 大寺 管
Hwnz daengz huzsiengh caengz baenz ninz
夜 到 和尚 未曾 成 睡

Lauxsaeng ninzndaek mbouj ninzndaek
老僧 睡着 不 睡着
Rox raen lwgfoz byaij daengz limz
懂 看见 佛子 走 到 来临
Singsing caenh heuh gouq denhswj
声声 尽 叫 救 天子
Ciengj seng gouq dai fanh nienz aen
抢 生 救 死 万 年 恩

Duzfoz roengz bae de gaeuj lo
佛 下 去 他 看 了
Gaeuj raen hozhoz daengz gyang boengz
看 见 赫赫 到 中间 泥
Lienzseiz baema hoiz saefouh
连忙 回去 回 师父
Aeu ruz bae gouq dawz hwnj gwnz
用 船 去 救 拿 上 上面

Couh de hwnjdaeuj rieg ndang buh
就 他 起来 换 身体 衣服
Cang ndang coux gyaeuj dauq baenz vunz
打扮 身体 装 头 又 成 人
Saeboh lienzseiz dawz hwnjdaeuj
师父 连忙 拿 起来
Daengz cog doiq neix miz coengmingz
到 明天 对 这里 有 聪明

Lij an mingzcoh guh Yenzcang
还 安 名字 做 玄奘
Cibfaen souh nanh caux baenz vunz
十分 受 难 造 成 人
Sou ma cauzdangz guh fugsaeh
你们 回来 朝堂 做 服侍
Daengz cib it ngeih doeg sawfaenz
到 十 一 二 读 文字

Siengoet gyangqseng mbouj yungzheih
仙骨 降生 不 容易
Sae gyauq coenz laj mwngz rox gwnz
师 教 句 下 你 会 上
Danz ginz song gyauq mwngz rox sug
弹 琴 两 教 你 会 熟
Fuk ma yinzsiq bauq couzvunz
复 回 人世 报 仇人

Saefouh faen lij bonj aeu geiq
师父 分 还 本 要 记
Cien ban dauhleix cungj faenmingz
千 般 道理 都 分明
Caux ndaej danz ginz gyauq mwngz guenj
造 得 弹 琴 教 你 管
Danzdanz ciengqciengq haengj mwngz rwenq
弹弹 唱唱 喜欢 你 哀求

Okbae it couh youh song couh
出去 一 州 又 两 州
It giz youh youq saek geij ngoenz
一 处 又 住 大概 几 天
Guenj dem gaimonz bae youz ciengq
管 和 街门 去 游 唱
Siengj rox hek siengq miz dinfwngz
想 懂 客 相 有 手艺

Cwnz gvaq doengnamz dem saebaek
巡 过 东南 和 西北
Yahdaeuz hix caiq daeuj cipraen
大老婆 也 又 来 接见
Dauqma yazmonz raen Lij Ci
回来 衙门 见 李 氏
Saet sing nuzbei naeuz cingzyaen
失 声 奴婢 说 情因

Miz boux ginh louz daeuj neix ciengq
有 个 君子 游 来 这里 唱
Mienhsiengq doengzyiengh lumj lwg mwngz
面相 同样 像 孩子 你
Daiqnaih yaek saenq mbouj yaek saenq
太奶 将 信 不 将 信
Cejnuengx bae yinx ma gou raen
姐妹 去 引 来 我 见

Lienzseiz yinx ma douhung rog
马上 引 来 大门 外
Daiqnaih okdaeuj sijsaeq cim
太奶 出来 仔细 看
Mienhsaek seng baenz Cinz Gvangjsij
面相 生 成 陈 广使
Naj hau bak meiz lumj ndwen rongh
脸 白 口 眉毛 像 月亮 明亮

De hai yizyinz danz youh ciengq
他 开 鱼人 弹 又 唱
Muenx diemq gwnzgai caenh vunzyou
满 店 街上 尽 愁人
Singsing caenh ciengq lwggyax aih
声声 尽 唱 孤儿 哀
Coenzcoenz fuz dai biek loh cingz
句句 扶 死 别 路 情

Gawqgawq caenh ciengq mei mbouj yauq
句句 尽 唱 妹 不 孝
Vihhoz mbouj bauq baz guh vunz
为何 不 报 妻子 做 人
Mbouj ciengq diengae mbwn youh laep
不 唱 天机 天 又 黑
Raemxdah haeuj caek laj hix fwn
河水 进 河滩 下 就 下雨

Yinx ma ndaw ranz ndei saeq cam
引 来 里 家 好 细 问
Yahdaeuz daek raemx daeuj swiq din
大老婆 舀 水 来 洗 脚
Duet haiz swiq din le vanzbei
脱 鞋 洗 脚 了 完备
Siengj daengz goetheiq raemxda roengz
想 到 骨气(命运) 眼泪 下

Goj danq mwngz dai mbouj ngeix lix
可 叹 你 死 不 想 活
Miz fuk ngoenzneix dauq doxfungz
有 福 今天 又 相逢
Danh lij song ginh guh gimbauj
但 还有 两 君 做 金宝
Bae lox yahlaux dem ginh bing
去 笼络 大老婆 和 君 兵

Daj ndaej bak ngaenz aeu gvaq ma
自从 得 百 银 要 过 来
Gaen mwngz baenaj cawx haeux gwn
跟 你 往后 买 米 吃
Caz dem diemqbouq lo yahlaux
查 与 店铺 了 大老婆
Bae guh caz gvaq lo caengz raen
去 做 查 过 了 未曾 看见

Boh gou vunz gaj vut roengz dah
父亲 我 别人 杀 丢 下 河
Meh gou bae haq gya gag vunz
母亲 我 去 嫁 家 独自 (一)人
Song beix daengz ranz vaihgya meh
两 兄 到 家 外家 母
Coenzcoenz hix danq gag siengsim
句句 也 叹 自己 伤心

Mehgoux mbouj yawj youh lau soq
舅妈 不 看 又 怕 数落
Cingq naeuz mbouj dap youh fouzcingz
正 说 不 答 又 无情
Mwngz lwg bouxlawz gou mbouj rox
你 孩子 哪个 我 不 懂
Hix caengz roxnaj caengz rox mwngz
也 未曾 认识 未曾 懂 你

Cwt nanh caengz ciengx baenz vunz hung
冷淡 难 未曾 养 成 人 大
Ranz Lij caengz fanz mwngz ranz Cinz
家 李 未 烦 你 家 陈
Mwngz bienh ngaeugyaeuj baiq diendeih
你 便 叩头 拜 天地
Ma ranz baiq beix lwg fouzcingz
回 家 拜 兄 孩子 无情

Boh gou vunz gaj dwk roengz dah
父亲 我 别人 杀 丢 下 河
Meh gou baehaq gyaranz vunz
母亲 我 出嫁 家 别人
Dawz saeh baenz bienh buek aeu caenh
拿 事 成 便 搏 要 尽
De gaij mingzcoh bae cauzdingz
他 改 名字 去 朝廷

Ciemq aeu meh gou bae guh yah
占 要 母亲 我 去 做 老婆
Langh ndaej coenz vah hix saenq mwngz
如果 得 句 话 就 信 你
Cungjbingh lienzseiz couh daengz laj
总兵 马上 就 到 下面
Ciu bing cawx max dwk vunzhek
招 兵 买 马 打 客人

Bae daengz yazmonz langz okdaeuj
去 到 衙门 郎 出来
Sien le raemj gyaeuj laeng cawz mwngz
先 了 砍 头 后 除 你
Canjcawz vunzhek haeuj gyacan
铲除 客人 进 枷锁
Yinx meh Lij Ci ndonj ma daengz
引 母亲 李 氏 窜 来 到

Ma daengz ndaw ranz guh caicenq
回 到 里 家 做 斋荐
Cingj ndaej sangsang boux lauxsaeng
请 得 高高 个 老僧
Hai sang gauq vangz song sam haemh
开 丧 告 王 两 三 晚
Boh mwngz ndaw raemx muengh goj raen
父亲 你 里 水 望 可 见

Vunz raeuz de dai ngeix daengz lix
人 我们 他 死 想 到 活
Couh vaq nijswj Haijlungzginh
就 化作 女子 海龙君
Gonq bae guh hek beix souh nanh
以前 去 做 客 兄 受 难
Boh mwngz dauq langh duz lungzvangz
父亲 你 却 放 个 龙王

Bungz daengz wnhyinz dai lwgdog
遇 到 恩人 死 独子
Siendan daeuj vah dauq baenz vunz
仙丹 来 说 又 成 人
Ngoenz dem lungznij daeuj dwkgeiz
每天 和 龙女 来 下棋
Fungz cai ngoenzneix soengq daengz gwnz
逢 斋 这天 送 到 上面

Saeng dauh swng fan daengz gwnzraemx
僧 道 升 幡 到 水上
Meh raen Gveizlouz ndang caenh saenz
母亲 看见 奎娄 身体 尽 发抖
Danh ndaej bouxsai ma yiengzseiq
但 得 男人 来 阳世
Dauq lingx ginghswj ciep baenz biengz
又 领 经子 接 成 天下

Haet bae reih gwnz hong guhgak
早上 去 畲地 上 工 索性做
It daeuj vaiqlag ngeih cienz mingz
一 来 快乐 二 传 名
Couh aeu faenzsaw gvih diemqbouq
就 拿 文书 跪 店铺
Dauq soengq mehlaux ma daengz limz
又 送 老母 来 到 来临

Sou seih boh seng de boh ciengx
你们 是 父亲 生 他 父亲 养
Dauqma gungqciengx laux saesaeng
回来 供养 老 师僧
Dauq bae miuhdangz siuhsan foz
又 去 庙堂 修缮 佛
Haethaet haemhhaemh niemh sawging
早早 晚晚 念 经文

Gip aeu Dangzvangz hwnj naengh dienh
急 要 唐王 上 坐 殿
Caih mwngz muzlienh daengz sihdenh
任由 你 磨炼 到 西天
Mbouj ciengq Yenzcang souh hojnanh
不 唱 玄奘 受 苦难
Danh ciengq Dangzsaeng bae cingj ging
但 唱 唐僧 去 请 经

Daicungh guh vuengz guenj beksingq
太宗 做 王 管 百姓
Funghdiuz yijsun daibingz cinh
风调 雨顺 太平 春
Dajswh Dangzvangz hwnj naengh dienh
自从 唐王 上 坐 殿
Song bi mbwn rengx caengz roengz fwn
两 年 天 旱 未 下 雨

Seizhaenx boux le Cinz Gveizguz
那时 个 了 陈 魁谷
Bouxde buzgva gig doenglingz
那人 卜卦 很 灵通
Gwnzmbwn lajnamh de hix rox
天上 地下 他 都 懂
Seiq bien guekdoh de hix doeng
四 边 国度 他 也 通

Ngoenz naengh gyaeuj diemq gai sawmingh
每天 坐 头 店铺 卖 命书
Lungzding bienqvaq daeuj guhcaemz
龙定 变化 来 玩耍
Lungzding bienh gaen sienseng naeuz
龙定 便 跟 先生 说
Gveizguz bohlaux buzgva lingz
魁谷 老父 卜卦 灵

Danq mwngz buzgva doeng diendeih
叹 你 卜卦 通 天地
Cam mwngz ndwen neix ngoenz lawz fwn
问 你 月 这 天 哪 雨
Dangh mwngz sienseng gangj ndaej dwg
如果 你 先生 讲 得 是(对)
Ngeih cib liengx ngaenz caengh dwk fwngz
二 十 两 银 秤 放 手

Gveihguz dap vah hekguen naeuz
魁谷　答　话　客官　说
Cam mwngz gangj gyaj rox gangj caen
问　你　讲　假　或　讲　真
Mwngz dingh aeu ngaenz daeuj doxdoj
你　定　要　银　来　打赌
Danh lau mbouj rox bouxlawz hingz
但　怕　不　懂　哪个　赢

Bouxlaux gaem gyang ngaenz Lungzding
老人　拿　一半　银　龙定
Gyoengqvunz caez nyinh duh gou coenz
众人　齐　认　的　我　句
Gveizguz youh danq coenz daihngeih
魁谷　又　叹　句　第二
Lau mwngz guenvunz rox fansim
怕　你　官人　会　反悔

Lungzding youh han coenz daihngeih
龙定　又　答应　句　第二
Bouxsai gangj vah hix dietding
男人　讲　话　也　铁钉
Gveizguz youh naeuz gyoengq beixnuengx
魁谷　又　说　众　兄弟
Vunzlai daeuj neix dingq gou coenz
众人　来　这　听　我　一句

Hanh daengz ngoenzcog saenzseiz haeuh
限 到 明天 辰时 后
Banngaiz couh daeuj gouj faen fwn
中午 就 来 九 分 雨
Saenzseiz roengz fwn ceihseiz gvaq
辰时 下 雨 巳时 过
Nguxseiz lwgbyaj luenh doh mbwn
午时 雷电 乱 遍 天

Lungzding bienh yawj Gveizguz naeuz
龙定 便 看 魁谷 说
Cam mwngz naeuz gyaj rox naeuz caen
问 你 说 假 或 说 真
Ngoenzcog roengz fwn gou hix rox
明天 下 雨 我 也 懂
Raeuz caez doxdoj bouxlawz hingz
我们 一起 打赌 哪个 赢

Lungzding baema daengz Dunghhaij
龙定 回去 到 东海
Sanggai fwnbaiz daeuj daengz limz
上界 雨牌 来 到 来临
Banngaiz saenzseiz hengz fwnbouh
中午 辰时 行 雨部
Hanh daengz saenzseiz gouj faen fwn
限 到 辰时 九 分 雨

Saenzseiz roengz fwn ceihseiz gvaq
辰时 下 雨 巳时 过
Nguxseiz lwgbyaj luenh doh mbwn
午时 雷电 乱 遍 天
Sangdi lwzling cai fwnbing
上帝(玉帝) 勒令 差 雨兵
Langh gvi diendeih coih mbouj yungz
如果 (理)亏 天地 罪 不 容

Lungzding lienzseiz siengjcugcug
龙定 马上 想了想
Caen seih Gveizguz buzgva lingz
真 是 魁谷 卜卦 灵
Lungzding dangseiz hengz it geiq
龙定 当时 行 一 计
Ma gaij fwnzbaiz couh ndaej hingz
回去 改 雨牌 就 得 赢

Banngaiz saenzseiz hengz fwnbouh
中午 辰时 行 雨部
Gaij daengz saenyoux rox roengz fwn
改 到 申酉 会 下 雨
Cix daengz banngaiz gaenh nguxseiz
就 到 中午 近 午时
Caengz miz fwjsei youq gwnzmbwn
未 有 云彩 在 天上

Ngux meih saenz youx mbwn goj ndit
午 未 辰 酉 天 可 （出）太阳
Youxseiz couh roengz sam faen fwn
酉时 就 下 三 分 雨
Vujcuj cauginh hwnj bae bauq
五祖 灶君 上 去 报
Lungzvangz laeg fwn haih fanzminz
龙王 拦 雨 害 凡民

Banngaiz saenzseiz hengz fwnbouh
中午 辰时 行 雨部
De gaij saenyoux couh roengz fwn
他 改 申酉 就 下 雨
Hix daengz banngaiz gaenh nguxseiz
就 到 中午 近 午时
Caengz miz fwjsei youq gwnzmbwn
未 有 云彩 在 天上

Ngux meih saenz youx mbwn lij ndit
午 未 辰 酉 天 还 （出）太阳
Youxseiz couh roengz sam faen fwn
酉时 就 下 三 分 雨
Yawhdaeq ndaejnyi danq coenz neix
玉帝 听见 叹 句 这样
Couh cai Cangh Veij roengz daeuj daengz
就 差 张 伟 下 来 到

Cangh Veij daeuj daengz caz saed saeh
张 伟 来 到 查 实 事
Ma hoiz Yawhdaeq dih yienzyaen
回去 解释 玉帝 的 原因
Yawhdaeq ndaejnyi danq coenz neix
玉帝 听见 叹 句 这样
Gij mbwn baenz gaj coih nanz yungz
那 天 成 杀 罪 难 容

Nguxseiz haeuh hanh daengz ngoenzcog
午时 后 限 到 明天
Cai vunz roengz daeuj mied ndanghingz
差 人 下 来 灭 身形
Gemjsiu diengae baenz gaj coih
减少 天机 这么 杀 罪
Caengz miz deih gaij coih nanz yungz
未 有 地方 解 罪 难 容

Hix daengz Lungzding riu Gveizguz
也 到 龙定 笑 魁谷
Mwngz mbouj caengz dwk dauq doiq ngaenz
你 不 未曾 要 回 退 银
Mwngz naeuz saenzseiz fwn roengz daeuj
你 说 辰时 雨 下 来
Ma daengz saenyoux caux roengz fwn
来 到 申酉 造 下 雨

Nguxseiz saenseiz mbwn goj ndit
午时 申时 天 也（出）太阳
Youxseiz caux laj sam faen fwn
酉时 造 下 三 分 雨
Gveizguz dap vah Lungzding naeuz
魁谷 答 话 龙定 说
Lau mwngz ce mingh hix vih fwn
怕 你 留 命 也 为 雨

Danq mwngz siumied diengae saeh
叹 你 消灭 天机 事
Yivangz Sangdi yaek dawz mwngz
玉皇 大帝 要 抓 你
Siumied diengae baenz gaj coih
消灭 天机 成 杀 罪
Caengz miz dieg gaij coih nanz yungz
未 有 地方 解 罪 难 容

Hanh daengz ngoenzcog nguxseiz haeuh
限 到 明天 午时 后
Cai vunz roengzdaeuj mied ndang hingz
差 人 下来 灭 身 形
Lungzding ndaejnyi coenz yienghneix
龙定 听见 句 这样
Lumjbaenz midraeh camx ndaw sim
好像 锋利的尖刀 刺 里 心

Lungzding lienzseiz roengz gvih baiq
龙定 连忙 下 跪 拜
Lauxsae mwngz coi gou baenz vunz
老师 你 催促 我 成 人
Gveizguz bienh fan coi mbouj ndaej
魁谷 便 反 催促 不 得
Diendiuz Yawhdaeq coih nanz yungz
天条 玉帝 罪 难 容

Dangzvangz naengh dienh guh denhswj
唐王 坐 殿 做 天子
Nyienh dem Yawhdaeq hab guh doengz
愿 与 玉帝 合 做 老同
Mwngz hawj Dangzvangz daj gigiuj
你 给 唐王 打 计巧(计谋)
Lau de ndaej bauj mwngz baenz vunz
怕 他 得 保 你 成 人

Lungzding ndaejnyi danq coenz neix
龙定 听见 叹 句 这
Lienzseiz itheiq daengz vangzginh
连忙 一气 到 王君
Lungzding baiq gauq Dangz denhswj
龙定 拜 告 唐 天子
Coengz daeuz it ngeih naeuz laizyouz
从 头 一 二 说 来由

Vih gou siumied diengae saeh
为 我 消灭 天机 事
Yawhdaeq Sangdi yaek dawz mwngz
玉帝 上帝 要 抓 你
Siumied diengae baenz gaj coih
消灭 天机 成 杀 罪
Caengz miz dieg gaij coih nanz yungz
未 有 地方 解 罪 难 容

Hanh daengz ngoenzcog nguxseiz haeuh
限 到 明天 午时 后
Nguxseiz aeu aen gyaeuj daengz gwnz
午时 要 个 头 到 上面
Cien ca fan loek gou youh loek
千 差 万 错 我 又 错
Yienghlawz gaijgouq gou baenz vunz
怎样 解救 我 成 人

Gveizguz danq mwngz miz gigiuj
魁谷 叹 你 有 计巧(计谋)
Lau mwngz ndaej bauj gou baenz vunz
怕 你 得 保 我 成 人
Dangzvangz dap vah Lungzding naeuz
唐王 答 话 龙定 说
Danq mwngz bouxlaux danh cuengqsim
叹 你 老人 但 放心

Sangdi mbouj muenx gou vuengzdaeq
上帝(玉帝) 不 瞒 我 皇帝
Gawqyienz miz saeh goj doxyaeng
既然 有 事 可 商量
Bietdingh miz vunz roengzdaeuj dap
必定 有 人 下来 答(话)
Gou miz coenz hauq baema mbwn
我 有 句 好 回去 天上

Danghnaeuz mwngz dai gou boiz mingh
如果 你 死 我 赔 命
Song coenz cingqdingh gaej fanzsim
两 句 镇定 别 烦心
Lungzding baema daengz Dunghhaij
龙定 回去 到 东海
Hwnj cai Cangh Veij roengzdaeuj daengz
上 差 张 伟 下来 到

Cangh Veij daeujdaengz hajdou muengh
张 伟 来到 五门 望
Bi gen vangvang byaij guhcaemz
摆 手 晃晃 走 玩耍
Yaek dawz lungzcoj mbouj caengz bienh
要 抓 龙祖 不 未曾 方便
Haeuj ndaw vuengzdienh bae guhcaemz
进 里 皇宫 去 玩耍

Dangzvangz gaeuj raen Cangh Veij daeuj
唐王 看 见 张 伟 来
Cingj ma ndaw fuengz naengh guhcaemz
请 来 里 房 坐 玩耍
Cangh Veij bienh cam Dangzvangz naeuz
张 伟 便 问 唐王 说
Yawhdaeq miz saeh daengq lungzginh
玉帝 有 事 吩咐 龙君

Bae dawz lungzvangz dauq yungzheih
去 抓 龙王 倒 容易
Cam mwngz lungzvangz guh lawz yaeng
问 你 龙王 做 怎样 商量
Dangzvangz dap vah Cangh Veij naeuz
唐王 答 话 张 伟 说
Vuensim gaej heiq daengz guhcaemz
欢心 别 担心 到 玩耍

Seizneix mboujgvaq dwg yinzseiz
现在 不过 是 寅时
Mwngz le guh nuengx hix vuensim
你 呢 做 弟弟 也 欢心
Yienznaeuz nuengx gou mbouj luenh daeuj
虽然 弟弟 我 不 乱 来
Vunz roengz biengz haeujma gaen gwn
人 下 人间 进来 跟 吃

Gwn cenj daih'it mbouj caengz gangj
喝 杯 第一 不 未曾 讲
Gwn cenj daihngeih mboujcaengz cam
喝 杯 第二 未曾 问
Gwn cenj daihsam haibak gangj
喝 杯 第三 开口 讲
Yaeuh mwngz gyadangq gvaq seizsaenz
骗 你 家当 过 时辰

Ndaej gvaq nguxseiz couh mbouj gaj
得 过 午时 就 不 杀
Song vunz doiqnaj gangj guhcaemz
两 人 当面 讲 玩耍
Haeux laeuj hix gwn le vanzbei
饭 酒 也 吃 了 完备
Youh daeuj dwkgeiz doengh guhcaemz
又 来 下棋 动 玩耍

Couh aeu lwggeiz doengh yaephe
就 要 棋子 动 一下子
Song vunz doiqnaj doengh faenfaen
两 人 面对面 动 纷纷
Doengh buenz dai'it yiengh Dangzdaeq
动 盘 第一 让 唐帝
Doengh buenz daihngeih dwg de hingz
动 盘 第二 是 他 赢

Doengh buenz daihsam daengz nguxseiz
动　盘　第三　到　午时
Couh di lwggeiz doek laj din
就　些　棋子　落　下　脚
Cangh Veij yiet fwngz roengz bae yaeb
张　伟　伸　手　下　去　捡
Sam hoenz couh bae gaj Lungzginh
三　魂　就　去　杀　龙君

Fan gyaeuj hwnjma riuhoho
翻　头　起来　笑哈哈
Lwggeiz uq lwed cax uq hoengz
棋子　污　血　刀　污　红
Dangzvangz bienh cam Cangh Veij naeuz
唐王　便　问　张　伟　说
Cam mwngz guhmaz lwed uq fwngz
问　你　怎么　血　污　手

Cangh Veij dap vah Dangzvangz naeuz
张　伟　答　话　唐王　说
Gou bae Dunghhaij gaj Lungzginh
我　去　东海　杀　龙君
Dangzvangz ndaejnyi danq yienghneix
唐王　听见　叹　这样
Sim fanz daeuj heiq naj caenh ndaem
心　烦　来　气　脸　尽　黑

Lungzvangz dai bae yenzloz gauq
龙王 死 去 阎罗 告状
Gauq mwngz Dangzdaeq sim mbouj baenz
告状 你 唐帝 心 不 成
Mwngz gaj gou dai mwngz boiz mingh
你 杀 我 死 你 赔 命
Neix mwngz youh lingh it diuz sim
这 你 又 另 一 条 心

Yenzloz bienh cai song gveijsw
阎罗 便 差 两 鬼士
Daeuj dawz Dangzdaeq bae youq yaem
来 抓 唐帝 去 在 阴间
Sam hoenz caet hoenz bae yaemfouj
三 魂 七 魂 去 阴府
Hoengq louz laeng boux youq yiengzcingz
空 留 后 个 在 阳情

Dai bae caet ngoenz youh caet haemh
死 去 七 天 又 七 夜
Ndang noh yienh lumj mbouj lumj vunz
身体 肉 现 像 不 像 人
Lungzding gaeuj raen Dangzvangz daeuj
龙定 看 见 唐王 来
Ndaq cien fouz bak fanh fouz sim
骂 千 无 嘴 万 无 心

Goj danq gou dai mwngz boiz mingh
可 叹 我 死 你 赔 命
Neix mwngz youh lingh it diuz sim
这 你 又 另 一 条 心
Singsing bakbak danq gouq ndaej
声声 口口 叹 救 得
Vihhoz ngoenzneix mbouj niemh coenz
为何 今天 不 念 句

Yenzloz dangseiz couh gaij buenq
阎罗 当时 就 解 判
Ndaq sou song mbiengj gaej causim
骂 你们 两 边 别 操心
Lungzvangz hix dai daeuj daengz neix
龙王 也 死 来 到 这
Cuengq mwngz Lungzvangz baema daengz
放 你 龙王 回去 到

Cawq mwngz baema guh caicenq
安排 你 回去 做 斋荐
Cingj ging yinh gienj cenq Lungzginh
请 经 运 卷 荐 龙君
Langh mwngz baema guh caicenq
如果 你 回去 做 斋荐
Sam hoenz caiq lienh mwngz gvaq yaem
三 魂 再 炼 你 过 阴间

Dangzvangz dai bae dauq hwnjdaeuj
唐王 死 去 又 起来
Muenx cauz vwnzvuj cungj simsoeng
满 朝 文武 都 心宽
Lienzseiz okbuengj rog ciuzdou
连忙 出榜 外 朝门
Lij aeu saeng dauh caeuq saevunz
又 要 僧 道 和 师公

Sam gyauq sae saeng bingz dausw
三 教 师 僧 评 道士
Gipgip itheiq daeuj daengz limz
急急 一气 来 到 来临
Dangzvangz bienh danq gyoengq sae naeuz
唐王 便 叹 众 师 说
Cingj sou sam gyauq dingq faenmingz
请 你们 三 教 听 分明

Bouxboux daeujdaengz mbouj gamj gangj
个个 来到 不 敢 讲
Bouxlawz daihdamj caeuq vangz yaeng
哪个 大胆 和 王 商量
Gou yaek guh cai dap diendeih
我 要 做 斋 答 天地
Naeuz sou daeuj neix doengzcaez yaeng
说 你们 来 这 一同 商量

Gak miz boux ndeu Cinz Yenzcang
各 有 个 一 陈 玄奘
Bouxde daihdamj caeuq vangz yaeng
那个 大胆 和 王 商量
Bouxde dap vah Dangzvangz naeuz
那个 答 话 唐王 说
Gou miz coenz hauq dem vangz raen
我 有 句 好 和 王 见

Lungzding dai bae guh caicenq
龙定 死 去 做 斋荐
Mij miz ging gienj lienh mbouj baenz
没 有 经 卷 炼 不 成
Dangzvangz bienh cam Cinz Yenzcang
唐王 便 问 陈 玄奘
Lawz miz ging gienj cingj ma daengz
哪里 有 经 卷 请 来 到

Yenzcang dap vah Dangzvangz naeuz
玄奘 答 话 唐王 说
Bae daengz sihdenh aeu gingfaenz
去 到 西天 取 经文
Mbouj rox sihdenh gyae rox gaenh
不 懂 西天 远 或 近
Vunz naeuz cib fanh bet cien leix
人 说 十 万 八 千 里

Muenx cauz saeng dauh caez daeuj neix
满 朝 僧 道 齐 来 这
Bouxlawz hwnj eiq yungh caensim
哪个 起 主意 用 真心
Bouxboux aeu coenz doi caengz gangj
个个 把 句(话) 推 未 讲
Gag Cinz Yenzcang gangj faenmingz
唯独 陈 玄奘 讲 分明

Dangzvangz lwg gou bae sihgoz
唐王 孩子 我 去 西国
Bouxlawz doxgaep buenx hingzcwngz
哪个 搭档 陪伴 行程
Bae daengz sihdenh cingj ndaej gienj
去 到 西天 请 得 卷
Dauqma vangz ciengj geijlai ngaenz
回来 王 奖 多少 银

Dangzvangz ndaejnyi sim vuenheij
唐王 听见 心 欢喜
Gietdingh ngoenzneix guh beixnuengx
决定 今天 做 兄弟
Gou le daegbeix mwngz daegnuengx
我 呢 老兄 你 老弟
Gag an mingcoh giet doengzsim
各自 安 名字 结 同心

Dangco mwngz guh Cinz Yenzcang
当初 你 做 陈 玄奘
Vuenh an Sanhcang gvangj cienz mingz
换 安 三藏 广 传 名
Dangzvangz lij ndaej song boux boiq
唐王 还 得 两 个 配
Buenx mwngz gvaq gyaiq bae hingzcwngz
陪伴 你 过 界 去 行程

Dangzvangz lij boiq duz yawhmaj
唐王 还 配 匹 玉马
Gaen mwngz baenaj bak lohgyae
跟 你 往前 百 路程
Vuengzdaeq yok ndaej gyahsah buh
皇帝 赐 得 袈裟 衣
Gaen bae sihbu raen foz ndang
跟 去 西部 见 佛 身

Vuengzdaeq yok ndaej ngaenz bak liengx
皇帝 赐 得 银 百 两
Gaen mwngz byaij loh cawx haeux gwn
跟 你 走 路 买 饭 吃
Vuengzdaeq youh dwk sam boi laeuj
皇帝 又 敬 三 杯 酒
Lienzseiz haidin couh hwnjroen
连忙 起步 就 启程

Byaij roen it leix daengz song leix
走 路 一 里 到 两 里
Gvaq bae doeng daengz neix sihgingh
过 去 通 到 这 西经
Byaij daengz gozdu Bucouh gyaiq
走 到 国度 步周 界
Mbiengjde seiqgyaiq miz iucing
那边 世界 有 妖精

Bae daengz mbiengjde Hwzfungh'ai
去 到 那边 黑风隘
Mbouj ngeix diegde miz iucing
不 想 那地方 有 妖精
Iucing daeuj daengz mbouj dajgangj
妖精 来 到 不 讲话
Coemjca coemjcangj dawz bae gwn
东扑 西抓 拿 去 吃

Gwn song boux hoiq le gag naengh
吃 两 个 奴仆 了 自己 坐
Cag cug daegmax dwk gwnzrin
绳子 绑 公马 放 石头上
Cag cug daegmax mbouj ndaej cangh
绳子 绑 公马 不 得 挣扎
Youh cug Dangzsaeng ce ndaw ndoeng
又 绑 唐僧 留 里 森林

Haet daengz ranzrongh mbouj yaek rongh
早上 到 天亮 不 将 亮
Boux ndeu lai nuengx daeuj daengz limz
个 一 多 年纪小 来 到 光临
Bouxde bienh cam Sanhcang naeuz
那人 便 问 三藏 说
Bouxlawz cuglamh mwngz ndaw ndoeng
哪个 捆绑 你 里 森林

Sanhcang dap vah beix hai beix
三藏 答 话 哥 呀 哥
Daeuj daengz gizneix fungz iucing
来 到 这里 遇 妖精
Iucing daeuj daengz mbouj dajgangj
妖精 来 到 不 讲话
Coemjca coemjcangj dawz daeuj gyaeng
东扑 西抓 拿 去 关

Dawz song boux hoiq gwn bae lou
拿 两 个 奴仆 吃 去 了
Youh cug daegmax dwk gwnzrin
又 绑 公马 放 石头上
Cug dwk daegmax le gag naengh
绑 得 公马 了 自己 坐
Haemhneix youh cug gou gvaq hwnz
今晚 又 绑 我 过 夜

Bouxde lienzseiz daeuj cix naeuz
那个 连忙 来 就 说
Singsing bakbak raeuz gietsim
声声 口口 我们 结心
Duet cuengq Sanhcang fwngz yienq max
脱 放 三藏 手 牵 马
Song vunz cingj laj couh byaij roen
两 人 请 下 就 走 路

Byaij roen it leix daengz song leix
走 路 一 里 到 二 里
Bae daengz gizneix ndoeng rinbya
去 到 这里 森林 石山
Ndoeng rinbya ya ndoeng rinbya
森林 石山 呀 森林 石山
Bya sangngaungau bae daengz mbwn
山 高高的 去 到 天

Gvaq laj dinbya sangngaungau
过 下面 山脚 高高的
Bya laux ndawde miz boux vunz
山 老(大) 里面 有 个 人
Ndawde bienh iu laux hai laux
里面 便 叫 老 呀 老
Cingj mwngz bouxlaux daeuj daengz limz
请 你 老人 来 到 来临

Sanhcang roengz max haeujbae gaeuj
三藏 下 马 进去 看
Gyaeuj dwg maxlaeuz ndang bouxvunz
头 是 猴子 身 人
Haemh youq ndaw bya sangyingying
夜晚 在 里 山 高高的
Lumjbaenz mienh gingq ciuq yinghyungz
好像 面 镜 照 英雄

Sanhcang bienh cam nuengx hai nuengx
三藏 便 问 弟弟 呀 弟弟
Bihaenx deng nanh youq ndoengbya
那年 被 难 在 山林
Ndawde bienh yawj yaek okdaeuj
里面 便 看 要 出来
Dangzsaeng saefouh dingq gou rwenq
唐僧 师父 听 我 吟

Coj gou Laujswnh lienz mwngz nuengx
祖 我 老孙 连 你 弟弟
Gij coj dangco vanz iucing
那 祖宗 当初 还是 妖精
Gou dem Muyou Bing dajdou
我 和 木又 兵 打斗
Danq gou bae youq seiq din mbwn
叹 我 去 在 四 脚 天

Laujginh dawz gou gyaeng ndaw bya
老君 把 我 关 里 山
San souj ndaw bya haj bak cin
善 守 里 山 五 百 春
Haj bak bi rim caengz gwn haeux
五 百 年 满 未 吃 饭
Cingq fungz saefouh daeuj daengz limz
正 逢 师父 来 到 来临

Fanz mwngz saefouh daeuj daengz neix
烦 你 师父 来 到 这
Hai cuengq gou bae baenz boux vunz
开 放 我 去 成 个 人
Langh gou ndaej duet ok rin daeuj
如果 我 得 脱 出 石头 来
Nyienh dak saefouh bae cingj ging
愿 托 师父 去 请 经

Daj daengz sihdenh cingj ginggienj
打 到 西天 请 经卷
Dawz ma baujcenq Haijlungzginh
拿 来 保荐 海龙王
Sanhcang dap vah nuengx hai nuengx
三藏 答 话 弟弟 呀 弟弟
Gou nanz ndaej cuengq mwngz ok rin
我 难 得 放 你 出 石头

Mbouj miz faggyauq dem fagfouj
没 有 撬子 和 斧头
Yienghlawz ndaej gouq mwngz ok rin
怎样 得 救 你 出 石头
Ndaw rin bienh han coenz okdaeuj
里 石头 便 回答 句 出来
Hai cuengq gwnzgyaeuj caet cih gim
开 放 头上 七 字 金

Gwnzgyaeuj gou diep miz caet cih
头上 我 贴 有 七 字
Mwngz sik gij bae couh duetndang
你 撕 那 去 就 脱身
Sancang gyaeuj raen fwngz couh sik
三藏 头 见 手 就 撕
Laujswnh din de ok laj rin
老孙 脚 他 出 下 石头

Laujswnh ndonj naengh baiq saefouh
老孙 窜 坐 拜 师父
Dak ndaej saefouh gouq baenz vunz
托 得 师父 救 成 人
Sancang bienh danq Laujswnh naeuz
三藏 便 叹 老孙 说
Gou danq coenz hauq hawj mwngz rweng
我 叹 句 好 给 你 吟

Aenvih dangco mwngz hengz yak
因为 当初 你 行 恶
Couh dawz bae ap dwk ndaw rin
就 拿 去 压 放 里 石头
Ap dwk ndaw rin caengz ndaej cangz
压 放 里 石头 未 得 藏
Buh caengz miz daenj haeux caengz gwn
衣服 未 有 穿 饭 未 吃

Caez bae sihdenh cingj ginggienj
齐 去 西天 请 经卷
Gienq mwngz hengz ndei mbouj hengz yak
劝 你 行 善 不 行 凶
Hengz yak bienh naeuz Swnh Hingzcej
行 恶 便 说 孙 行者
Hengz ndei bienh naeuz Swnh Vugungh
行 善 便 说 孙 悟空

Duet vuenh yinghyungz doengz caeuq geiq
脱 换 英雄 同 与 记
Hengz gou caez bae gaej hengz yak
行 我 齐 去 别 行 凶
Seizneix Dangzsaeng miz vunz buenx
现在 唐僧 有 人 陪伴
Song sou beixnuengx caez byaij roen
俩 你们 兄弟 齐 走 路

Byaij roen it leix daengz song leix
走 路 一 里 到 二 里
Bae daengz gizneix youh causim
去 到 这里 又 操心
Bae daengz gizneix daemj gyang lueg
去 到 这里 碰 中间 山谷
Ngeih sam cib guk daeuj laengz roen
二 三 十 老虎 来 拦 路

Mboujlwnh daihcungz lwnh gukbeuq
不论 大虫(老虎) 论 虎豹
Duzduz aj heuj daeujcaengzcaengz
只只 张 牙 来噌噌
Duzduz hai heuj daeuj yaek haeb
只只 开 牙 来 要 咬
Dangzsaeng saefouh ndang caenh saenz
唐僧 师父 身 尽 发抖

Hingzcej dauq naengh maenhcici
行者 倒 坐 稳当当
Lau mwngz duzguk guh gijmaz
怕 你 老虎 做 什么
Lau mwngz duzguk guh maz lonj
怕 你 老虎 做 什么 卵
Dawz ma buenx youq youh buenx naengh
拿 来 陪 住 又 陪 坐

Langh gou Laujswnh fouz bonjsaeh
如果 我 老孙 无 本事
Saefouh lwgsae dwk mwngz gwn
师父 徒弟 放 你 吃
Laujswnh couh hai Ginhguhbang
老孙 就 开 金箍棒
Baez lamx cingq bae sam hoenz daengz
一 揽 正 去 三 魂 到

Yungh rengz couh hengz sam baez moeg
用 力 就 行 三 次 打
Duzguk couh dai youq laengsaeng
老虎 就 死 在 无动静
Laujswnh dauq naengh liux coegcoeg
老孙 又 坐 了 搓搓(毛发)
Couh cot vut mid daeuj bangx naengh
就 快速 丢 尖刀 来 旁边 坐

Swksak fan naengh guh buh vunj
索性 翻 坐 整 衣 裙
Byaij loh cix haemh miz vifung
走 路 趁 夜 有 威风
Saefouh gaeuj raen sim vuenheij
师父 看 见 心 欢喜
Baenz gam bonjsaeh miz vifung
这么 甘(好) 本事 有 威风

Youh byaij it leix daengz song leix
又 走 一 里 到 二 里
Bae daengz gizneix youh causim
去 到 这里 又 操心
Bae daengz gizneix mbwn cingq laep
去 到 这里 天 正 黑
Ngeih sam cib caeg daeuj laengz roen
二 三 十 贼 来 拦 路

Baihgwnz hix naeuz gaj lo gaj
上面 也 说 杀 呀 杀
Baihlaj hix naeuz faenz lo faenz
下面 也 说 砍 呀 砍
Sanhcang lienzseiz diuq roengz max
三藏 连忙 跳 下 马
Gaeuj raen daeuj heiq naj caenh ndaem
看 见 来 气 脸 尽 黑

Hingzcej dauq naengh daemz naz hamq
行者 却 坐 池塘 田 边
Cam sou bouxhek rox Bouxgun
问 你们 客人 或 汉人
Gou seih vunz ndeu sou vunz gyoengq
我 是 人 一 你们 人 众
Daeuj raeuz doiqnaj loengh dinfwngz
来 我们 当面 弄 手脚

Mbouj yungh dietcik bienh dietgae
不 用 铁尺 便 铁戟

Raeuz aeu nge faex loeng guhcaemz
我们 要 枝 树 弄 玩耍

Gou haenj sou daj gou bak ngeih
我 准许 你们 打 我 百 二

Laujswnh bonjsaeh hix mbouj vunz
老孙 本事 也 不 人

Sou haenj gou rimq sou bak ngeih
你们 准许 我 打 你们 百 二

Sou miz bonjsaeh daeuj sawq fwngz
你们 有 本事 来 试 手

Bouxcaeg dauq naengh gangjcici
贼人 却 坐 讲纷纷

Raeuz lau lwg neix guh ndaek viz
我们 怕 小子 这 做 个 卵

Raeuz boux doiq dai mbouj yungh gaj
我们 个 对 死 不 用 杀

Lienzseiz ndaej max youh ndaej ngaenz
马上 得 马 又 得 银

Laujswnh bienh haenj sou daj gonq
老孙 便 准许 你们 打 先

Boux daengz boux lamx doengh daengz mbwn
个 到 个 抽打 动 到 天

Daj le cingq rim bak ngeih mbat
打 了 正 满 百 二 次
Laujswnh baihneix cuengq vifung
老孙 这边 放 威风
Laujswnh couh yot Ginhguhbang
老孙 就 拔 金箍棒
Baez lamx cingq dai sam cib vunz
一 抽 正 死 三 十 人

Miz boux deng hoz hoz hix goenq
有 个 挨 脖子 脖子 也 断
Miz boux deng gyaeuj gyaeuj hix yungz
有 个 挨 头 头 也 溶烂
Saefouh dauq naengh gag danq mwngz
师父 却 坐 自己 叹 你
Ngoenzneix haih dai fouzsoq vunz
今天 害 死 无数 人

Gaj vunz haih mingh ndang miz coih
杀 人 害 命 身 有 罪
Daihlaeng iengya nanz duet ndang
后来 冤家 难 脱 身
Goj danq gwn cai caez hengz ndei
也 叹 吃 斋 齐 行 善
Gaenlaeng boux bienq youh hengz yak
后来 个 变 又 行 凶

Laujswnh ndaejnyi de mbouj dwg
老孙 听见 他 不 是(对)
Bak damz coegcoeg gaeq couh daeuj
嘴 喃 嘟嘟 计 就 来
Bouxcaeg lanz roen duet aeu max
盗贼 拦 路 夺 要 马
Bae ranz de gaj couh naeuz yak
去 家 他 杀 就 说 凶

Gou cingq danq ndei de mbouj ndei
我 正 叹 善 他 不 善
Gou cingq danq hek de mbouj hek
我 正 叹 客 他 不 客
Langh gou Laujswnh fouz bonjsaeh
如果 我 老孙 无 本事
Lienz mwngz saehfouh mingh gvi yaem
连 你 师父 命 归 阴

Mwngz coenz gou coenz baenz laibak
你 句 我 句 成 多嘴
Dai bae diuz mingh youq ndaw rum
死 去 条 命 在 里 草
Saefouh ndaw rum naengh yietnaiq
师父 里 草 坐 休息
Raen baz yahmaiq daeuj daengz limz
看见 妇人 寡妇 来 到 来临

Yahmaiq daeuj daengz daejsebseb
寡妇 来 到 哭啼啼
Singsing daej lwg mingh gvi yaem
声声 哭 孩子 命 归 阴
Ndaw fwngz baz gaem song diuz buh
里 手 妇人 拿 两 件 衣服
Saenq aen'gyaeuj goj sim cinglingz
抖 头 可 心 精灵

Sancang bienh cam bazmaiq naeuz
三藏 便 问 寡妇 说
Cam mwngz fanznauj vih hozyaen
问 你 烦恼 为 何因
Boz le dap vah Sanhcang naeuz
婆 呢 答 话 三藏 说
Lwg gou menmau cingq doengz mwngz
孩子 我 面貌 正 同 你

Doiq bae gwnz dangz guh huzsiengh
退 去 上 堂 做 和尚
Ngoenzbonz mingh dinj cij gvi yaem
前天 命 短 才 归 阴
Lwg gou bienh dai haeuj yaemloh
孩子 我 便 死 进 阴间
Sat song diuz buh guh yinghyungz
做 两 件 衣服 做 英雄

Dauq ndeu youh gai dauq ndeu soengq
套 一 又 卖 套 一 送

Dauq buh ndeu yungh suenq aeu ngaenz
套 衣服 一 用 算 要 银子

Mwngz miz lwgsae hawj de daenj
你 有 徒弟 给 他 穿

Swhyienz aeu daenj niemh gingfaenz
自然 要 穿 念 经文

Gou gyauq mwngz gaen gou niemh cou
我 教 你 跟 我 念 咒

Lwgsae hwnjyamq couh ma daengz
徒弟 起程 就 来 到

Sanhcang gaen boz niemh fuzcou
三藏 跟 婆 念 符咒

Hix cou Cizdi Hojlungzginh
也 奏 赤帝 火龙君

Cizdi Lungzginh ciz naj ndaq
赤帝 龙君 直 面 骂

Ndaq mwngz Laujswnh mbouj dwg vunz
骂 你 老孙 不 是 人

Dangzsaeng saefouh gouq mwngz ok
唐僧 师父 救 你 出来

Yaen maz ngoenzneix youh fouz cingz
因 什么 今天 又 无 情

Ganjgaenj baema bang saefouh
赶紧 回去 帮 师父
Yaek dauq hwnjdin bae cingj ging
要 又 起程 去 请 经
Langh mwngz mbouj dingq coenz gou gangj
如果 你 不 听 句 我 讲
Dauq dawz haeuj ndaw dah bae gyaeng
又 拿 进 里 河 去 关

Hingzcej ndaejnyi coenz yienghneix
行者 听见 句 这样
Lienzseiz itheiq couh ma daengz
连忙 一口气 就 来 到
Ma daengz baih naengh riuhoho
来 到 旁边 坐 笑哈哈
Saefouh bae lawz cawx ndaej lingz
师父 去 哪里 买 得 绫

Saefouh bae lawz cawx ndaej buh
师父 去 哪里 买 得 衣服
Ndaej daenj dauq buh caen yinghyungz
得 穿 套 衣服 真 英雄
Saefouh dap vah Hingzcej naeuz
师父 答话 行者 说
Cawx aeu dauq buh cib liengx ngaenz
买 要 套 衣服 十 两 银

Gou faen dauq buh hawj mwngz daenj
我 分 套 衣服 给 你 穿
Mwngz dauq dawzrap bae cingj ging
你 却 挑担 去 请 经
Dauq buh hix aeu hawj mwngz daenj
套 衣服 也 要 给 你 穿
Baihnaj couh sij caet cih yaem
前面 就 写 七 字(个) 音

Hingzcej ndaejnyi sim vuenheij
行者 听见 心 欢喜
Couh dawz dauq buh cang yinghyungz
就 拿 套 衣服 装扮 英雄
Sanhcang dauq naengh couh niemh cou
三藏 又 坐 就 念 咒
Laujswnh naenggyaeuj duet sam caengz
老孙 头皮 脱 三 层

Fwngz byoenh gai ok gai mbouj ok
手 拉 盖 出 盖 不 出
Yaek duet gai roengz gai mbouj roengz
要 脱 盖 下 盖 不 下
Sanhcang youh niemh gya mbouj hoiz
三藏 又 念 加 不 解开
Laijswnh diuzlinx conq sam lingz
老孙 舌头 寸 三 零

Laujswnh bienh heuh yienh lo yienh
老孙 便 叫 愿意 了 愿意
Yienh dem saefouh bae cingj ging
愿意 跟 师父 去 请 经
Youh byaij it leix daengz song leix
又 走 一里 到 二 里
Bae daengz gizneix youh causim
去 到 这里 又 操心

Ngoenz ndeu bae daengz Lingzsanhsw
日 一 去 到 灵山寺
Yienq max haeuj neix bae duz ninz
牵 马 进 这 去 匹(马) 睡觉
Ndaw miuh hix miz boux hab sax
里 庙 也 有 个 合(手) 作揖
Fouz rengz saengdungz caez niemh ging
无 力 僧童 齐 念 经

Sanhcang bae daengz couh roengz max
三藏 去 到 就 下 马
Gyoengq saeng cingj roengz laj mwnzdingz
众 僧 请 下 下 门庭
Cingj ma baih naengh foz gag naengh
请 来 那边 坐 佛 自己 坐
Gwn caz gwn raemx cam laizyaen
喝 茶 喝 水 问 来因

Saefouh song vunz daeuj daengz neix
师父 两 人 来 到 这
Miz maz ndeisaeh nuengx cenzcwngz
有 什么 好事 弟弟 前程
Sanhcang dap vah gyoengq saeng naeuz
三藏 答 话 众 僧 说
Gou fung Dangzvangz bae cingj ging
我 奉 唐王 去 请 经

Gou fung Dangzvangz bae saeguek
我 奉 唐王 去 西国
Loh gyae lueg dieg haeuj duz ninz
路 远 山谷 地 进去 匹(马) 睡
Bienh duet gyahsah dwk gwnz cauq
便 脱 架裟 放 上 灶
Mbouj ngeix caeglaux miz laisim
不 想 老贼 有 多心

Caeglaux bienh raen gyahsah heiq
老贼 便 看见 架裟 气
Gingq caeg dawz bae mbouj dauq daengz
竟 偷 拿 去 不 回 到
Hixnaengz yaek daenj bae baiq foz
干脆 要 穿 去 拜 佛
Vuz swh vuz saek gou caengz raen
无 私 无 色 我 未 见

Boux ndeu gyoengq saeng danq mbouj rox
个 一 众 僧 叹 不 懂
Couh dawz Laujdu Sozcenh daengz
就 拿 老度 索川 到
Laujdu dangseiz saedsaed nyinh
老度 当时 老实 认
Haemhlwenz Vudung daeuj guhcaemz
昨晚 悟栋 来 玩耍

Langh caeg cingq seih Vucing caeg
如果 偷 正 是 悟净 偷
De ciengz caeuq Vucing din fwngz
他 常 和 悟净 脚 手
Laujswnh ndaejnyi coenz yienghneix
老孙 听见 句 这样
Yiyenz dawz mid vat ndaw sim
好像 用 尖刀 挖 里 心

Laujswnh diuq bae dawz Mozdung
老孙 跳 去 抓 魔洞(悟净)
Boux cix lwzling Sozcenh daengz
个 就 勒令 索川 到
Daihdamj mwngz caeg gyahsah mauh
大胆 你 偷 袈裟 帽
Saetnguh geijlai gij lucwngz
耽误 多少 的 路程

Langh mwngz mbouj dut gyahsah buh
如果 你 不 脱 袈裟 衣
Gou yot Ginhguh mwngz couh saenz
我 拔 金箍棒 你 就 抖
Mozdung daihdamj mbouj nyinhloek
魔洞 大胆 不 认错
Gou bae caeg buh bouxlawz raen
我 去 偷 衣服 谁 看见

Laujswnh couh hai Ginhguhbang
老孙 就 开 金箍棒
Couh doh roengzbae sam mbat daengz
就 打 下去 三 次 到
Mozdung couh dawz gyahsah ok
魔洞 就 拿 袈裟 出来
Fad mwngz dawzrap bae sam ngoenz
罚 你 挑担 去 三 天

Youh byaij it leix daengz song leix
又 走 一 里 到 二 里
Bae daengz gizneix yazmonz swngz
去 到 这里 衙门 城
Yazmonz naengz gangj youh naengz dang
衙门 能 说 又 能 当
Diuz loh dangdang gvaq cungqgyang
条 路 荡荡 过 中间

Haethaemh guenhyenz ciengz hamj gvaq
早晚 官员 常 跨 过
Vaiz max ciengciengz gvaq gyang loh
牛 马 常常 过 中间 路
Bae daengz gwnz bo ngiengx gyaeuj muengh
去 到 上 山坡 抬 头 望
Lijgungh gaeuj raen mienh caengz yungz
李公 看 见 面 未 容(没笑容)

Lijgungh bienh cam Dangzsaeng naeuz
李公 便 问 唐僧 说
Cam mwngz daeuj neix vih hozyaen
问 你 来 这 为 何因
Yaek gvaq gizneix bae caengz doeng
要 过 这里 去 未 通
Gag haeuj daengz gou ma yietdin
自己 进 到 我(这里) 来 歇脚

Dangzsaeng dap vah Lijgungh naeuz
唐僧 答 话 李公 说
Gou fung Dangzvangz bae cingj ging
我 奉 唐王 去 请 经
Bae daengz sihdenh cingj ginggienj
去 到 西天 请 经卷
Dawz ma baujcenq Haijlungzginh
拿 来 保荐 海龙君

Lijgungh bienh cingj ma ranz naengh
李公 便 请 来 家 坐
Gwn caz gvaq haemh gangj laizyaen
喝 茶 过 夜 讲 来因
Lijgungh dap vah saefouh naeuz
李公 答 话 师父 说
Gou miz coenz hauq caeuq mwngz yaeng
我 有 句 好 和 你 商量

Goeng yah nienz daengz seiq haj cib
公 婆 年 到 四 五 十
Caengz miz doiq lwg ciep mwnzfungh
未 有 对 男孩 接 门风
Gouzva cingq miz doiq lwgmbwk
求子 正 有 对 女孩
Nienz daengz ngeih cib caengz gietvaen
年 到 二 十 未 结婚

Dieg neix cingq miz duz iu'gvaq
地方 这 正 有 只 妖怪
Gyaeuj de duzmou ndang bouxvunz
头 他 猪 身体 人
Ngoenz bae fouz saeh youh fouz saek
白天 去 无 事 又 无 一(样)
Haemh laep youh ma lienzdoih ninz
夜晚 黑 又 回来 结伙 睡

Swhdaj bi'gvaq loengh daengz neix
自从 去年 弄 到 现在
Lwglwg mienswj miz dehbingh
个个 面相 有 蛔虫病
Naj heu ndang byom hoz caenh ningq
脸 青 身 瘦 颈 尽 细小
Fugfouz bak lemx dungx mbang limq
漂浮 嘴巴 馋 肚子 薄 块状

Langhnaeuz bouxlawz daeuj yw ndei
如果 哪个 来 医 好
Soengq sam bak gim sam bak ngaenz
送 三 百 金 三 百 银
Baenz maz ndaej dawz duz cinggvaiq
成 什么 得 捉 个 精怪
Gvanbaz fanhdaih cungj ciemq aen
夫妻 万代 都 沾 恩

Sanhcang bienh cam Lijgungh naeuz
三藏 便 问 李公 说
Cam mwngz siujcej youq lawz ninz
问 你 小姐 在 哪里 睡
Lijgungh bienh naeuz ninz ndaw gex
李公 便 说 睡 里 角落
Mwngz sienj siujcej lingh giz ninz
你 选 小姐 另 处 睡

Couh naeuz Laujswnh bae bienqvaq
就 说 老孙 去 变化
Vaq guh siujcej bae gex ninz
化 做 小姐 去 角落 睡
Mienhsiengq cungj lumj yiengh siujcej
面相 都 像 样 小姐
Ninz youq gwnzcongz mbouj guhsing
睡 在 床上 不 作声

Ninz le yaek ndaek mbouj yaek ndaek
睡 了 将 睡着 不 将 睡着
Rumz liengzfwtfwt couh daeuj daengz
风 凉嗖嗖 就 来 到
Cinggvaiq daeuj daengz cam siujcej
精怪 来 到 问 小姐
Cam mwngz ninzndaek roxnaeuz caengz
问 你 睡着 或者 未

Siujcej bienh yawj naeuz caengz ndaek
小姐 便 看 说 未 睡着
Bae lawz nyinh laep couh ma daengz
去 哪里 认 黑 就 来 到
Cinggvaiq bienh naeuz gou gwn laeuj
精怪 便 说 我 喝 酒
Ronghndwen baengzyoux gangj guhcaemz
月亮 朋友 讲 玩耍

Youq laj ronghndwen gangj valiux
在 下 月亮 讲 花柳
Gangj doengz gangj youx loengh hozgyoengj
讲 （老）同 讲 友 弄 喉咙
Gangj daengz lwgsau dem lwgmbauq
讲 到 姑娘 和 小伙子
Hauxseng angq riu gangj guhcaemz
年轻人 高兴 笑 讲 玩耍

Cinggvaiq gwnzcongz yaek daeuj limz
精怪 床上 要 来 来临
Laujswnh couh gaemdawz hoz cing
老孙 就 抓住 脖子 妖精
Gaemdawz iucing din daebcaij
抓住 妖精 脚 踏踩
Nyouh biu haex rad song sam baez
尿 射 屎 溢 两 三 次

Yot gaem Ginhguhbang couh lamx
拔 握 金箍棒 就 抽
Couh lamh song fwngz dauq baih naengh
就 绑 两 手 回 边 坐
Laujswnh yienq max coh saefouh
老孙 牵 马 向 师父
Cam mwngz coj youq gizlawz vunz
问 你（妖怪）祖宗 在 哪里 人

Cinggvaiq ngaeugyaeuj bienh dap naeuz
精怪 叩头 便 答 说
Gou dwg Hwngzdenh Suijhojcing
我 是 横天 水火精
Yawhdaeq yaek dawz gou bae gaj
玉帝 要 抓 我 去 杀
Guenyaem Lozmaj yienh yinzcingz
观音 罗马 献 人情

Seizde Muzvangz laj youq daengj
那时 木王 下 在 等
Hawj gou daeuj neix caj Dangzsaeng
给 我 来 这 等 唐僧
Youq ndaej sam bi caengz racn daeuj
在 得 三 年 未 见 来
Bae dem Lij Ci giet vwnhyinh
去 和 李 氏 结 婚姻

Sanhcang ndaejnyi Cuhgvai gangj
三藏 听见 猪怪 讲
Naeuz hai cag lamh cuengq soeng mwngz
说 解开 绳子 绑 放 松 你
Duet vuenh yinghyungz doengz souh geiq
脱 换 英雄 同 受 记
Vuenh an mwngz coh giet yinghyungz
换 安 你 名字 结 英雄

Gag an mingz guh Cuhbazgai
自己安 名 做 猪八戒
Ngaeugyaeuj baenaj baiq Dangzsaeng
叩头 往前 拜 唐僧
Bazgai dawz rap daengz baihnaj
八戒 挑 担 到 前面
Laujswnh yienq max youq baihlaeng
老孙 牵 马 在 后面

Lijgungh bienh aeu ngaenz daeuj soengq
李公 便 要 银子 来 送
Dahlwg gou ndaej ciemq mwngz aen
女儿 我 得 沾 你 恩
Sanhcang lienzseiz couh hwnjmax
三藏 连忙 就 上马
Baiq biet Lijgungh couh hwnjroen
拜 别 李公 就 起程

Youh byaij it leix daengz song leix
又 走 一 里 到 二 里
Bae daengz gizneix youh causim
去 到 这里 又 操心
Bae daengz gizneix le Sahhaij
去 到 这里 了 沙海
Raemx hung seiq baih daeujhunghung
水 大 四 边 来轰轰

Namzhaij youh miz Sah Huzsiengh
南海 又 有 沙 和尚
Naj hoengzdungdung yiengh gyangngoenz
脸 红彤彤 样子 太阳
Sahsaeng daeuj daengz riuhaha
沙僧 来 到 笑哈哈
Lumj goeng laujda lwgfwngz daengz
像 公(个) 老大 手指 到

Yaek daengz gizlawz bae gwn laeuj
要 到 哪里 去 喝 酒
Gag haeuj ranz daeuj youq yietdin
自己 进 家 来 住 歇脚
Sanhcang dap vah Sahsaeng naeuz
三藏 答 话 沙僧 说
Gaen bae sihdenh cingj gingfaenz
跟 去 西天 请 经文

Daeuj daengz gizneix mbwn caengz laep
来 到 这里 天 未 黑
Cuengq rap gwn ien daengj yietraemh
放 担子 抽 烟 等 歇阴
Yaek haeuj daengz mwngz hix yungzheih
要 进 到 你 也 容易
Dan lau simsaeh mbouj doxdoengz
单 怕 心事 不 相同

Hingzcej guhcaeg lwnh saefouh
行者 偷偷 告诉 师父
Bouxneix cingq seih laux iucing
这个 正 是 老 妖精
Bazgai Laujswnh bae oknyouh
八戒 老孙 去 小便
Daeuj gaem saefouh couh yaek gwn
来 抓 师父 就 要 吃

Saefouh bienh naeuz gouq ya gouq
师父 便 说 救 呀 救
Laujswnh mbin ma couh gaemh mwngz
老孙 飞 来 就 抓 你
Bienh gaemh Sahsaeng youq baihlaj
便 抓 沙僧 在 下面
Lienzseiz bienqvaq laux iucing
马上 变化 老 妖精

Sahsaeng gvih baiq gouz yiuzmingh
沙僧 跪 拜 求 饶命
Yienh dem saefouh bae cingj ging
愿意 同 师父 去 请 经
Bae daengz sihdenh cingj ginggienj
去 到 西天 请 经卷
Gou bau dawzrap bak cien gaen
我 包 挑担 百 千 斤

Sanhcang bienh cam Sahsaeng naeuz
三藏 便 问 沙僧 说
Dangco mwngz dwg gizlawz vunz
当初 你 是 哪里 人
Sahsaeng dap vah Sanhcangz naeuz
沙僧 答 话 三藏 说
Gou dwg Doengmbwn fangz iucing
我 是 东天 鬼 妖精

Aenvih laeuh roengz Mwnzgvanhden
因为 漏 下 门官殿
Rox lienh Giuzfouz yinij vunz
或 恋 桥浮 玉女 人
Sangdi yaek dawz gou bae gaj
上帝 要 拿 我 去 杀
Gvanhyinh mehlaux gangj yinzcingz
观音 老母 讲 人情

Cwnhming daj roengz Sahhozhaij
遵命 打 下 沙河海
Daengjcaj Dangzsaeng bae cingj ging
等候 唐僧 去 请 经
Sanhcang ndaejnyi coenz yienghneix
三藏 听见 句 这样
Bienh dawz couh geiq vuenh yinghyungz
便 拿 就 记 换 英雄

Laebding dangngoenz an mingzcoh
立定 当天 安 名字
An guh Sah Gungh vuenh gaij mingz
安 做 沙 空 换 改 名
Sah Gungh dawzrap youq baihnaj
沙 空 挑担 在 前面
Bazgai yienq max youq baihlaeng
八戒 牵 马 在 后面

Youh byaij it leix daengz song leix
又 走 一 里 到 二 里
Bae daengz gizneix Mwzsunghlinz
去 到 这里 墨松林
Mwzsunghlinz ya Mwzsunghlinz
墨松林 呀 墨松林
Bya sangngaungau bae daengz mbwn
山 高耸入云 去 到 天

Bet fanh gonjrin nanz ndaej gvaq
八 万 石头 难 得 过
Yaek daengz dieg foz loh caengz doeng
要 到 地 佛 路 未曾 通
Bouxdauh sienseng daeuj daengz soq
道人 先生 来 到 诉说
Bak danq diuz loh neix caengz doeng
口 叹 条 路 这 未曾 通

Gip byaij bienh miz song sam haet
急 走 便 有 两 三 早上
Menh bae cix bae roek caet ngoenz
慢 去 也 去 六 七 天
Sanhcang sim lau mbouj ndaej youq
三藏 心 担心 不 得 在
Lienzseiz hoiz bouh yaek dauqlaeng
马上 回 步 要 回头

Sahsaeng bienh doiq saefouh naeuz
沙僧 便 对 师父 说
Dwg gou dawzrap bak cien gaen
是 我 挑担 百 千 斤
Lienz vunz lienz max guh seiq rap
连 人 连 马 做 四 担
Gvaq rin gvaq dat song sam ngoenz
过 石头 过 山崖 两 三 天

Dungx iek ndaw bya gwn lwgmak
肚子 饿 里 山 吃 野果
Hozhawq ndaw dah gwn raemxfwn
口渴 里 河 喝 雨水
Byaij ndaej sam ngoenz youh sam haemh
走 得 三 天 又 三 夜
Byaij daengz baihgwnz couh simsoeng
走 到 上面 就 宽心

Youh byaij it leix daengz song leix
又 走 一 里 到 二 里
Bae daengz gizneix Mwzhuzlingz
去 到 这里 墨胡凌
Bae daengz Mwzhuz doengh gwnzba
去 到 墨胡 那 坝上
Gaeuj raen raemxdah laehunghung
看 见 河水 流轰轰

Sanhcang bae daengz couh roengz max
三藏 去 到 就 下 马
Baihgwnz baihlaj loh caengz doeng
上面 下面 路 未 通
Gaeuj raen aenruz youq baihgwnz
看 见 船只 在 上面
Ndawde cingq naengh song sam vunz
里面 正 坐 两 三 人

Ndaw dah hix miz boux vaij ruz
里 河 也 有 个 划 船
Cingj de daeuj neix doh sok hung
请 他 来 这 渡 河滩 大
Cingj mwngz saefouh roengz bae gonq
请 你 师父 下 去 先
Sam dou beixnuengx hoiz roengz laeng
三 咱们 兄弟 回 下 后

Saefouh roengz ruz youh yienq max
师父 下 船 又 牵 马
Doh ruz gvaq dah dwk ruz caem
渡 船 过 河 被 船 沉
Aenruz vangvang diuq hwnjdaeuj
船只 摇摆 跳 起来
Saet mwngz saefouh mingh gvi yaem
失 你 师父 命 归 阴

Sam boux lwgsae roengz gvih baiq
三 个 徒弟 下 跪 拜
Lungzvangz ndaw haij gouq sam hoenz
龙王 里 海 救 三 魂
Lungzvangz lungznij doengz ok hoh
龙王 龙女 同 出来 救护
Lienz vunz lienz max soengq hwnj haenz
连 人 连 马 送 上 岸

Sam vunz lwgsae dauq vuenheij
三 人 徒弟 又 欢喜
Daidai lixlix guh lwg yaen
死死 生生 做 孩子 因
Daeuj daengz sihdenh hix goj muenx
来 到 西天 也 可 满
Duet vuenh bauhdaih raen foz ndang
脱 换 胞胎 见 佛 身

Sanhcang bae daengz couh roengz max
三藏 去 到 就 下 马
Duzduz fozswj cam aeu vah
个个 佛子 问 要 话
Fungfoz dap vah Sanhcang naeuz
奉佛 答 话 三藏 说
Gou miz coenz hauq cam mwngz coenz
我 有 句 好 问 你 句(话)

Mwngz youq couh lawz vunz gizlawz
你 在 州 哪 人 哪里
Okranz daengz neix geijlai roen
离家 到 这 多少 路程
Sanhcang dap vah foz le naeuz
三藏 答 话 佛 了 说
Cunghvaz gozduj sanliengz minz
中华 国土 善良 民

Ndawneix couhseih de mbouj heiq
这里 就是 他 不 担心
Gwn caz miuhsw niemh gingfaenz
喝 茶 庙寺 念 经文
Bae neix daeuj ndaej sam bi rim
去 这 来 得 三 年 满
Roen gyae cib fanh bet cien cwngz
路 远 十 万 八 千 程

Sanhcang bienh cam gyoengq foz naeuz
三藏 便 问 众 佛 说
Yaek aeu gienh lawz fap baema
将 要 件 哪 法 回去
Fozswj gaeuj raen couh yok fuk
佛子 看 见 就 赐 福
Couh yok faplwd aeu hawj mwngz
就 赐 法律 要 给 你

Yok ndaej boi caz dem boi laeuj
赐 得 杯 茶 和 杯 酒
Mwngz gwn it cenj couh mbin swng
你 喝 一 盏 就 飞 升
Yok ndaej mauhdan hawj mwngz daenj
赐 得 帽子 给 你 戴
Mbiengj ndeu dang ndit mbiengj dang fwn
边 一 挡 太阳 边 挡 雨

Yok ndaej lwgsa bak gungq ceij
赐 得 沙子 百 沓 纸
Gaen mwngz cix ngeix niemh gingfaenz
跟 你 就 想 念 经文
Gvanhyinh soengq ndaej sandauz mak
观音 送 得 番桃 果
Lij caengz haibak dungx sien doeng
还 未 开口 肚子 先 通

Siuyieng diemj daeng gag niemh cou
烧香 点 灯 自己 念 咒

Duz le fozmeh couh bae daengz
个 呢 佛母 就 去 到
Gim daengq dab dwk gwnz an max
金 凳 叠 放 上 鞍 马
Hawj mwngz daez ga gyaq byaij roen
给 你 蹄 脚 驾 行 路

Ngoenzde ma daengz Mwzhozhaij
那天 来 到 墨河海
Gienggienj youh doek roengz ndaw haij
经卷 又 落 下 里 海
Ginggienj doek raemx ginggienj yungz
经卷 落 水 经卷 溶烂
Dawz bae gwnzhaij dak sauj rumz
拿 去 海上 晒 干 风

Dawz bae gwnzhaij guh dak ndit
拿 去 海上 做 晒 太阳
Vaizraemx ngaeu faenz dawz bae gwn
水牛 钩 牙 拿 去 吃
Laujswnh lienzseiz daj gigiuj
老孙 连忙 打 计巧(计谋)
Vaq haeuj dungx vaiz niemh gingfaenz
化 进 肚子 牛 念 经文

Ndonj haeuj ndaw dungx doeg ging cou
钻 进 里 肚子 读 经 咒
Saefouh youq duz sij gingfaenz
师父 在 只 写 经文

Doxbae byaij ndaej sam bi buenq
往前 走 得 三 年 半
Doxdauq bin mbiengj song sam ngoenz
往后 爬 边 两 三 天

Sanhcang ma daengz rog hajdou
三藏 来 到 外面 五门
Dangzvangz gvih baiq foz aeu ging
唐王 跪 拜 佛 取 经
Gou ngoenz siuh cai daengz cog fuk
我 今天 修 斋 到 明天 福
Dangzvangz bekfwngz couh mbin swng
唐王 拍手 就 飞 升

Couh aeu bit saw sij roengz ceij
就 拿 笔 书 写 下 纸
Boux cienz seiqlaeng hawj vunz rwenq
个 传 后世 给 人 吟唱
Ngoenzneix caicenq cingj ging hoih
今天 斋荐 请 经 会
Saenzlingz guhdoih ma daengz limz
神灵 作伴 来 到 来临

Saenzlingz doengzdoih ma daengz neix
神灵 共同 来 到 这
Ciucenq vangzlingz hwnj diendingz
超荐 亡灵 上 天庭
Vangzlingz baenaj hix anhloz
亡灵 往后 也 安乐

Yauqnamz dwngzdaz gya anhningz
孝男 腾达 家 安宁

Caicawj miz gwn vaq it faenh
斋主 有 吃 化 一 份
Baengh sae ciuswng hwnj diendingz
凭 师 超升 上 天庭
Bak niemh ndaw sim guih mingh ndaej
口 念 里 心 皈依 命 得
Yaem an yiengz onj mbouj causim
阴间 安宁 阳间 安稳 不 操心

Sam、Liengz Sanhbwz Caeuq Cuz Yinghdaiz
三、梁山伯与祝英台

Gangliengj bae hagdangz
撑伞 去 学堂
Doxnyangz gyang daihloh
相遇 中间 大路
Gangliengj bae hwnjhag
撑伞 去 上学
Bae Lujgoz doegsaw
去 鲁国 读书

Songraeuz caemh beixnuengx
我俩 共 兄弟
Doxcaemh bae doegsaw
一同 去 读书
Mwngz rox gawq gou gawq
你 会 句 我 句
Cix mbouj ngawz mbouj huk
也 不 愚蠢 不 笨

Gou naeuz mwngz le beix
我 说 你 了 兄

Haeuj neix bohmenh cam
进 这里 父母 问
Cingj mwngz beix haeuj ranz
请 你 兄 进 家
Gwn caz dangq yietnaiq
喝 茶 相当 休息

Nuengx gou yaek bae laj
弟 我 要 去 下面
Laj mij miz hujgeiq
下面 没 有 伙伴
Laeq sien hwnq doegcih
小子 先 起来 读书
Raen beix cix gyaez cam
看见 兄 也 爱 问

Nuengx naeuz dauq gojai
弟弟 说 倒 可爱
Daihlai rox mbouj baenz
待多 可能 不 成
Gou yaek bae hagdangz
我 要 去 学堂
Haeuj ranz lau nguh roen
进 家 怕 耽误 (赶)路

Beix yaek bae doegcih
兄 要 去 读书

Mij miz vah doxraiz
没 有 话 相倾诉
Nuengx langh yaek doegcih
弟弟 如果 要 读书
Dem gou doengzdoih cam
与 我 共同 问

Nuengx gou yaek bae laj
弟弟 我 要 去 下面
Laj mij miz boux doih
下面 没 有 个 伙伴
Nienzgeij laeq lij ningq
年纪 小子 还 小
Mij laeq caenh sien bae
不 小子 尽 先 去

Rox mwngz an yaek bae
懂 你 安(想) 要 去
Caenh sien miz coenz vah
尽 先 有 句 话
Gou naeuz beix haeuj ranz
我 说 兄 进 家
Cam caenh baenz daekcoih
问 尽 成 得罪

Ndaejnyi coenz yienghneix
听见 句 这样

Beix haeuj ranz daeuj coh
兄 进 家 来 向
Gou gag gou byaij loh
我 自己 我 走 路(起程)
Mbouj rox ngoenzlawz daengz
不 知 哪天 到

Danh ndaej nuengx doengz bae
但 得 弟弟 同 去
Caezsim mbouj douqheiq
齐心 不 怄气
Doengzdoih bae doegsaw
一起 去 读书
Ndaej dawz rox doengz rox
得 拿 会 同 会

Bohmeh naeuz coenz neix
父母 说 句 这
Dem beix doengzdoih bae
与 兄 一起 去
Dem bouxsai mbouj gyaez
与 男孩 不 (相)爱
Dem beix bae caemh loh
与 兄 去 共 路

Sou bae laj doegsaw
你们 去 下面 读书

Lauxsae naeuz caez geiq
老师 说 齐 记
Doengzdoih ok bakdou
一起 出 门口
Songsou lwg cinsw
你俩 孩子 进士

It daengq coenz sou doh
一 吩咐 句 你们 遍(完)
Bohmeh gaej doekcaw
父母 别 可怜
Daeuj langh mij dauq louz
来 流浪 不 回 留
Sou youq ranz gaej muengh
你们 在 家 别 盼望

Bae ngeih nyied cosam
去 二 月 初三
Haeuj hagdangz an coh
进 学堂 安 名字
Bae sam bi cix ma
去 三 年 就 回来
Ndaej doenggya guhcawj
得 东家 做主

Naengh laj goek gominz
坐 下 根 木棉树

Raeuz lwnh nienz betceih
我们 论 年 八字
Song raeuz caez youq neix
俩 我们 齐 在 这
Nienzgeij bouxlawz lai
年纪 哪个 多(大)

Naengh gizneix yietbaeg
坐 这里 休息
Haeuj gizneix yietliengz
进 这里 乘凉
Raeuz lumj doiq roegraeu
我们 好像 对 斑鸠
Rox duz lawz duz beix
知道 只 哪 只 兄

Gou gyapvuj nienz seng
我 甲戊 年 生
Miz ndwencieng cibngux
有 正月 十五
Bae laj haeuj hung hag
去 下 进 大 学校
Bae Lujgoz doegsaw
去 鲁国 读书

Miz gou doiq bi vuj
有 我 对 年 戊

Cuk gou doiq bi geng
足 我 对 年 庚
Gou bae laj doegsaw
我 去 下 读书
Fungz mwngz gyang daihloh
逢 你 中间 大路

Gou sam nyied co'ngeih
我 三 月 初二
Seih bingjceij nienz vunz
是 丙子 年 人
Gou nuengx mwngz song cin
我 弟(小) 你 两 春
Goj mwngz Sanhbwz beix
可 你 山伯 兄(大)

Bae sam bi hagdangz
去 三 年 学堂
Youq ranz gou mbouj gviq
在 家 我 不 富贵
Mbouj beix geijlai bi
不 大 多少 岁
Beix bi laj bi gwnz
大 岁 下 岁 上

Nienzgeij raeuz lwnh coh
年纪 我们 论 名字

Dem loh baeyouyou
沿 路 去悠悠
Bae Lujgoz doegsaw
去 鲁国 读书
Ndaej bae cih doengz cih
得 去 字 相同 字

Yinghdaiz mbwk vahoengz
英台 女 红花
Gyoengq dungzswngh mij rox
众 童生 不 知道
Doeg sam bi sawlwd
读 三 年 律书
Doengz geiq cih hix youz
同 记 字 也 任由

Sanhbwz naeuz mbouj doengz
山伯 说 不 同
Mbouj hwnjyongq oknyouh
不 起蹲 屙尿
Yienghneix gou mbouj souh
这样 我 不 接受
Oknyouh ciengz naengh ok
屙尿 经常 蹲着 屙

Boux gaeuj vunz gaeuj boh
个 看 别人 看 父亲

Bouxboux caenh hwnjyongq
个个 尽 起蹲
Lau mbouj dwg vanamz
恐怕 不 是 男孩
Rox cix ndang va'mbwk
或者 就 身体 女孩

Yinghdaiz naeuz Liengz Beix
英台 说 梁 兄
Coenz neix gaej yungh cam
句 这 不用 问
Raeuz oknyouh hwnj ndang
我们 屙尿 起 身
Haeuj hagdangz mbouj gviq
进 学堂 不 富贵

Raeuz oknyouh hwnjyongq
我们 屙尿 起蹲
Lau famh goeng fuhswj
恐怕 冒犯 公 夫子
Oknyouh canh baenaj
屙尿 漂 往前
Lau famh aen hagdangz
恐怕 冒犯 个 学堂

Sanhbwz naeuz Yinghdaiz
山伯 说 英台

Mbouj raen gvai duet buh
不 见 乖(你) 脱 衣服
Loeg nyied guhlawz youq
六 月 怎样 住
Mbouj duet buh couh liengz
不 脱 衣服 就 着凉

Haemh mbouj raen duet gaet
夜晚 不 见 脱 衣扣
Cix mbouj raen duet sai
也 不 见 脱 带子
Cib ngeih ndwen ndang oem
十 二 月 身体 闷热
Ndang dumz mbouj duet buh
身体 湿 不 脱 衣服

Yinghdaiz naeuz Liengz Beix
英台 说 梁 兄
Gou mbouj luenh duet ndang
我 不 乱 脱 身(衣服)
Duet buh lau sienghanz
脱 衣服 恐怕 伤寒
Duet ndang lau mizbingh
脱(衣服) 身体 恐怕 生病

Youq ranz bohmeh naeuz
在 家 父母 说

Coenz lawz coenz mbouj geiq
句 哪 句 不 记
Duet buh lau ndaeng caet
脱 衣服 恐怕 鼻子 塞
Duet gaet lau saet ndang
脱 扣子 恐怕 失 身

Sanhbwz naeuz Yinghdaiz
山伯 说 英台
Bouxsai aek youh moj
男子 胸 又 凸起
Duet buh beix haeuj gag
脱 衣服 兄 进 自己
Ndangnoh baenz yinhhoengz
身体 成 红润

Rox cix ndang mehmbwk
或者 就是 身体 女孩
Mbouj dwg ndang bouxsai
不 是 身体 男孩
Gyangngoenz lau vunz raen
白天 怕 别人 看见
Diemj daeng raemh ndangnoh
点 灯 遮掩 躯体

Yinghdaiz naeuz Liengz Beix
英台 说 梁 兄

Coenz neix gaej yungh cam
句 这 别 用 问
Bouxsai raeuz aek sang
男孩 我们 胸 高
Cog ndang hwnj guenvih
以后 身 升 官位

Youq ranz bohmeh naeuz
在 家 父母 说
Coenz lawz coenz mbouj geiq
句 哪 句 不 记
Bouxsai raeuz aek mbwk
男孩 我们 胸 大
Cog miz lwg caihhangz
以后 有 儿子 聪明

Naengh laj goek gova
坐 下 根 花树
Beix gyaez baz rox mbouj
兄 爱 妹 或 不
Naengh laj goek goliuz
坐 下 根 石榴树
Beix gyaez gaeuj rox mbouj
兄 爱 看 或 不

Doeg sam bi saw yienh
读 三 年 书 县

Beix niemh cih gaej ma
兄 念 字 别 回来
Gou iu beix bae ranz
我 邀请 兄 去 家
Beix caiq fan naeuz mbouj
兄 再 反 说 不

Sanhbwz naeuz Yinghdaiz
山伯 说 英台
Lawz dauq hai vah neix
哪里 又 开 话 这
Doegcih cix niemhcih
读书 就 念书
Gaej ngeix bohmeh lai
别 想念 父母 多

Gyaez bohmeh yungzheih
爱 父母 容易
Gauj guenvih nanz lai
考 官位 难 多
Langhnaeuz gyaez youq ranz
如果 喜欢 在 家
Mbouj wngdang daeuj neix
不 应当 来 这

Banneix raeuz bae ranz
这次 我们 去 家

Geijseiz banlawz dauq
几时 几时 返回
Fungz gauj daengzcaucau
逢 考 即将到
Nanz dauq coh hagdangz
难 返回 向 学堂

Mwngz nuengx iu coenz neix
你 妹 邀请 句 这
Dauhleix cix wngdang
道理 也 应当
Mbouj hag daeuj biumingz
不 学 来 标明
Hanh ngoenzngoenz haeuj gauj
限 天天 进 考

Yinghdaiz naeuz Sanhbwz
英台 说 山伯
Laj daiz miz mbaw saw
下面 桌子 有 张 字条
Nuengx langh mij dauq liuz
妹 如果 不 回来 了
Beix dawz saw wng niemh
兄 拿 字条 应该 念

Saw gaej hawj vunz raen
文字 别 给 别人 看见

Diemj daeng beix menh cek
点 灯 兄 再 撕开
Gaeuj saw beix cix rox
看 文字 兄 就 知道
Beix cix coh daengz gou
兄 就 向 到 我

Yinghdaiz ma daengz ranz
英台 回 到 家
Sanhbwz fan raen saw
山伯 翻 看见 文字
Coh neix guh siujmei
名字 这 做 小妹
Langhheiq ndaw ranzsaw
叹气 里 书房

Gaeuj saw beix cix rox
看 文字 兄 就 知道
Coh neix gouj nijlangz
名字 这 九 女郎
Geij donq mij gwn ngaiz
几 餐 没 吃 饭
Nyienh dai mbouj nyienh lix
愿意 死 不 愿意 活

Gaem liengj daengq doenggya
拿 雨伞 吩咐 东家

Deuz hwnj wng mbin mbiengj
逃 起 应该 飞 边
Wng cimh Yinghdaiz nuengx
应该 找 英台 妹
Rox guh yienghlawz dem
会 做 哪样 呢

Daengq gyoengqsou baengzyoux
吩咐 你们 朋友
Gou mbouj youq guh maz
我 不 在 做 什么
Geij donq mij gwn ngaiz
几 餐 不 吃 饭
Nyienh dai mbouj nyienh cuengq
愿意 死 不 愿意 放

Sanhbwz wngq lwnh boh
山伯 应答 告诉 父亲
Goj coh dah Yinghdaiz
可 向 个(女孩) 英台
Gou gyaez dah lailai
我 爱 个(女孩) 多多(很)
Aeu Yinghdaiz guh yah
娶 英台 做 妻

Doengzdoih bae doegsaw
同伴 去 读书

Vih laeq gaij mingzcoh
为 小子 改 名字
Laeq seih vunz mehmbwk
小子 是 人 女孩
Bienq saek guh bouxsai
变 色 做 男孩

Liengzgungh cam Cuzgungh
梁公 问 祝公
Gou raen mwngz miz vah
我 见 你 有 话
Daeuj cam Yinghdaiz dah
来 问 英台 个(女孩)
Mwngz cix haq hawj gou
你 就 嫁 给 我

De goj ndaej youq laj
她 可 得 在 下面
Vah caenh hwnj wngq doeng
话 尽 起 应答 通
Sanhbwz gyaez laeq lai
山伯 爱 小子 多
Gaej hawj gou cixbah
别 给 我 了吧

Cuzgungh naeuz Liengz Beix
祝公 说 梁 兄

Yungh dauhleix guh maz
用 道理 做 什么
Lwgmbwk hix duj va
女孩 就是 朵 花
Majgyah dawz bae liux
马家 拿 去 完

Laeq goj lij youq ranz
小子 可 还 在 家
Daeuj cam cix yungzheih
来 问 也 容易
Lwgmbwk cib seiq haj
女孩 十 四 五
Mbouj haq ce guh maz
不 嫁 留 做 什么

Liengzgungh lienz doeknaiq
梁公 连 丧气
Gou lij goj youq ranz
我 还 可 在 家
De lij youq hagdangz
她 还 在 学堂
Sien cam cix yungzheih
先 问 也 容易

Roxnaeuz caengz doekvunz
或者 未 嫁人

Aeu mingh cung ma baij
要 命 中 来 摆
De gojlij youq laj
她 还 在 下面
Cix caengz gvaq daeuj cam
也 未 过 来 问

Raeuz mbanjgwnz mbanjlaj
我们 上村 下村
Mbouj sien gvaq daeuj cam
不 先 过 来 问
Langh rox mwngz yaek aeu
如果 知道 你 要 娶
Gou cix sou sawmingh
我 就 收 命书

Betceih doek vunz gaem
八字 落 别人 拿
Mingh cung hawj vunz gvaq
命 中 给 别人 过(了)
Mbouj miz cienz cixbah
没 有 钱 也罢
Mwngz dan gvaq daeuj cam
你 单 过 来 问

Gou baenz rin doek dah
我 好像 石头 落 河

Doek daengz laj cix caem
落 到 下面就 沉
Baenz bya diuq haeuj saeng
好像 鱼 跳 进 鱼罾(渔网)
Ce dahlwg gya Cuz
留 女儿 家 祝

Goj bae dan doek dan
可 去 滩 又 滩
Laj nanz van haeuj sa
下 难 弯 进 沙滩
Langh dai gou cix liux
如果 死 我 就 完
Doengzdoih ciu vaminz
作伴 招 木棉花

Mij ndaej dah Yinghdaiz
不 得 个(女孩) 英台
Gou nyienh dai cim mbaengq
我 愿 死 针 插
Nyienh laeg hoz diugingj
愿 勒 脖子 吊颈
Saetmingh bae yenzloz
失命 去 阎罗

It gou mbouj fugheiq
一 我 不 服气

Ngeih gou mbouj fug leix
二 我 不 服 理
Doengzdoih youq sawdaiz
作伴 在 书桌
Geijlai caenh mbouj yiem
多少 尽 不 嫌

Caengz dai daengq Yinjgvangh
未 死 吩咐 引光
Daihcangq gaij siuj maiz
大葬 别 小 埋
Dawz bae baihnamz baiz
拿 去 南边 排
Coh Yinghdaiz gvaq roen
向着 英台 过 路

Cuengq samcaet haeuxngaiz
放 三七 午饭
Siuyieng baiz gungh'an
烧香 摆 公案
It daengq sou gya hoh
一 吩咐 你们 家 户
Naeuz boh gaejbag hai
说 父亲 别忙 开

Dai bae ndaej sam ngoenz
死 去 得 三 天

Majgungh coux Fanzbauj
马公 迎接 凡保(英台)
Daj laz lienz boq hauh
敲 锣 连 吹 号
Cingj dauh coux Yinghdaiz
请 道 迎接 英台

Daengq sou gyoengq gya hoh
吩咐 你们 众 家 户
Moh gou cangq henz roen
墓 我 葬 边 路
Mij ndaej dah Yinghdaiz
不 得 个(女孩) 英台
Geijlai caenh aeuqheiq
多少 尽 怄气

Yinghdaiz cam vunzfou
英台 问 轿夫
Bouxlawz lo dai moq
哪个 了 死 新
Dawz daeuj cangq henzloh
拿 来 葬 路边
Aen moh dik rin dem
座 墓 刻 石碑 呢

De dai gaiqmaz bingh
他 死 怎么 病

Sou cix lwnh hawj gou
你们 就 告诉 给 我
De guh gaiqmaz famh
他 做 什么 犯(错)
Sou cix cam mingzcoh
你们 就 问 名字

Vunzfou naeuz Yinghdaiz
轿夫 说 英台
Sanhbwz lo dai moq
山伯 了 死 新
Dawz daeuj cangq henzloh
拿 来 葬 路边
Aen moh dik rin dem
座 墓 刻 石碑 呢

De dwg dai caem bingh
他 是 死 沉重 病
De goj raen vunzlai
他 可 看见 众人
De goj singq Liengzveij
他 可 姓 梁讳
De goj fuh mingzcoh
他 可 夫 名字

Yinghdaiz roengzbae gvih
英台 下去 跪

Gouz diendeih hai aen
求 天地 开 恩
Lij lix cix doxraen
还 活 也 相见
Gaej hawj aen raeuz duenh
别 给 恩 我们 断

Naeuz seiq boux vunzfou
说 四 个 轿夫
Sou hawj gou bae dem
你们 给 我 去 跟
Haemh ninz gen banq dungx
夜晚 睡 肩膀 扒 肚子
Dangq lwgfungh gamz gaen
好像 凤凰 衔 巾

Gwnzmbwn gaem dansoq
天上 掌握 账目
Aen moh lienz hai dou
座 墓 连 开 门
Lienzseiz hai cingq liux
马上 开 正 了
Songsou doengzdoih naengh
你俩 作伴 坐

Vunzfou naeuz Maj gyah
轿夫 说 马 家

Ma gizneix gonq gag
来 这里 先 自己
Cuengq giuh ce gizneix
放 轿 留 这里
Langh seiq boux vunzfou
放(走) 四 个 轿夫

Maj gyah aengqngauq daej
马 家 号啕 哭
Bae cienz laex gou lai
去 钱 礼 我 多
Daeuj coux dah Yinghdaiz
来 迎接 个(女孩) 英台
Couh lienz dai daihloh
就 连 死 大路

Bae geijlai mou yiengz
去 多少 猪 羊
Sieng geijlai mou gaeq
浪费 多少 猪 鸡
It daeuj mbouj fugheiq
一 来 不 服气
Ngeih daeuj mbouj fugsim
二 来 不 心服

Maj gyah mbouj fugheiq
马 家 不 服气

Gaem ceij bae yenzloz
拿 纸 去 阎罗
Sij saw gauq Liengz gyah
写 字 告 梁 家
Duet baz gyang daihloh
夺 妻(英台) 中间 大路

Gauq gvaq laeng mwngz vuengz
告 过 向 你 王
Mwngz cix ciengz dauhleix
你 也 常 道理
Maj gyah roengzbae gvih
马 家 下去 跪
Vuengz dawz leixgoeng caz
王 拿 公理 查

Sanhbwz roengzbae gvih
山伯 下去 跪
Vuengz bae leix ma bingz
皇 去 理 来 评
Dou doengzdoih sam cin
我们 作伴 三 春
Ndaej yinginh dingh an
得 壬君 定 案

Gauq gvaq laeng mwngz vuengz
告 过 向 你 皇

Mwngz cix ciengz dauhleix
你 就 常 道理
Doegsaw ndaw fuengzhag
读书 里 学堂
Caemh baenz sat ndeu ninz
共 整 竹席 一 睡觉

Song mbiengj mbouj aeu vah
两 边 不 要 话(说)
Caiq cam dah Yinghdaiz
再 问 个(女孩) 英台
Boh mwngz yienghlawz gaiq
父亲 你 怎样 盖(保密)
Yinghdaiz cix nyinh coh
英台 却 认 名字

Lwnh mbouj haeuj goeng doengz
论 不 支持 公 同
Vuengz mbouj yungz roengz daj
皇 不 容 下 打
Mwngz langh mbouj nyinh coh
你 如果 不 认 名字
Cix gaemh boh Yinghdaiz
就 抓 父亲 英台

Yinghdaiz roengzbae lo
英台 下去 了

Dingq dah can hoiz coenz
听 个(英台) 一阵子 回答 句
Gaej bae boh Cuzgungh
别 去 父亲 祝公
De youq laeng mij rox
他 在 后面 不 知道

Maj gyah yaek aeu gou
马 家 要 娶 我
Miz bouxlawz bingz leix
有 哪个 评 理
Boh gou naeuz mbouj hawj
父亲 我 说 不 给
Moiz byaij hwnj byaij roengz
媒婆 走 上 走 下

Gou dauq ndaej sam ngoenz
我 回来 得 三 天
Majgungh roengzdaeuj dingh
马公 下来 定
Mbouj ndaej de vwnhyinh
不 得 她 婚姻
Nienz mingh ndaej doeklaeng
年 命 得 最后

Dou goj ndaej youq laj
咱们 可 得 在 下面

Vah caengz hwnj goeng doeng
话 未 起 公 通(知道)
Maj gyah daeuj aeu gou
马 家 来 娶 我
Miz bouxlawz daeuj nyinh
有 哪个 来 认

Vuengz buek mwngz Maj lwg
皇 反驳 你 马 仔
Dauhleix mwngz mij bingz
道理 你 不 平
Guhdoih song sam cin
作伴 两 三 春
Mwngz lij aeu guh yah
你 还 娶 做 妻

Gauq gvaq laeng gou vuengz
告 过 向 我 皇
Gou goj ciengz dauhleix
我 可 常 道理
De youq aen fuengzhag
她 在 个 学堂
Caemh buenz sat dauq ninz
共 张 竹席 来 睡觉

Sanhbwz mwngz aeu mei
山伯 你 娶 妹

Doiq ngaenz lij gvaq ma
退 银 还 过 来
Doiq ngaenz hawj Maj gyah
退 银 给 马 家
Aeu baz hawj Sanhbwz
娶 女孩(英台) 给 山伯

Doiq cix doiq aeu liux
退 就 退 要 完
Noix faen cungj mbouj ndaej
少 分 都 不 得
Sam sou caez youq neix
三 你们 齐 在 这
Vuengz dawz leix ma caz
皇 拿 理 来 查

Gou vuengz mbouj miz coih
我 皇 没 有 罪
Doiq sou ngaenz bae gwnz
退 你们 银子 去 上面
Sam mbiengj ngaenz mbouj gwn
三 边 银子 不 吃(要)
Saeh dawz bingz buenz raemx
事情 端 平 盆 水

Sou bae gwnz langh heiq
你们 去 上面 如果 生气

Dawz sou ma doxdoiq
拿 你们 来 对质
Sou bae gwnz langh euq
你们 去 上面 如果 执拗(不服)
Doxdauq vuengz mbouj yungz
回头 皇 不 容

Sam mbiengj mbouj miz coih
三 边 没 有 罪
Doiq sou ngaenz bae ranz
退 你们 银子 去 家
Bae cam boux yiengzgan
去 问 个 阳间
Boux yafanz goj lwnh
个 下凡 也 论

Yaek bang mbwk bang hung
要 帮 大 帮 多
Ciengq song vunz guhdoih
唱 两 人 作伴
Sou bae gwnz langh euq
你们 去 上面 如果 执拗(不服)
Doxdauq vuengz youh cam
回头 皇 又 问

Yinghdaiz cib bet bi
英台 十 八 岁

Laeb cih cienz dienyah
立 字 传 天下
Daeuj caeuq Yinghdaiz dah
来 和 英台 个(女孩)
Laj roengz moh bae dai
下 下去 墓 去 死

Coux gou gvaq daihloh
迎接 我 过 大路
Aen moh yiengj gwjdumx
座 墓 响 咕咚
Coux mij ndaej daengz ranz
接 不 得 到 家
Maj gya fan gangj vah
马 家 反而 讲 话

Aen moh youq gyang haz
座 墓 在 中间 茅草
Maj gyah haeujbae cuz
马 家 进去 锄
Aeu so ma gou gvak
要 铲 来 我 挖
Vih aen moh neix ni
为 座 墓 这 呢

Maj gyah naeuz vunzfou
马 家 说 轿夫

Ma yongz gou aeu yah
来 说服 我 娶 妻
Vunzfou aeu mij ndaej
轿夫 要 不 得
Maj gyah daej daihloh
马 家 哭 大路

Yangzsouj diuq
扬首 吊
Gyoemzgyaeuj youh daj fwngz siuyieng
俯首 又 打 手 烧香
Saengq dwk gyong sing diuqlingz yiengj
用力敲 得 鼓 声 吊玲 响
Sanhbwz Yinghdaiz gyangq sangcangz
山伯 英台 降 丧场

Ginhcauh naengh youq Fungzsanghgoz
今朝 坐 在 奉丧国
Ndaejnyi gyonglaz diuq sangcangz
听见 锣鼓 吊 丧场
Ndaejnyi gyonglaz nauh mbouj duenh
听见 锣鼓 闹 不 断
Suenqmouz hengzyauq souj sangcangz
谋算 行孝 守 丧场

Ma daengz sangdaiz neix vih naengh
来 到 丧台 这 位 坐

Sae doengz gijbonj ciengq danq gvai
师父 同 本子 唱 叹 乖(你)
Bonj ciengq cenzvangz bingz haujhan
本 唱 前王 评 好汉
Lwnh ciengq dangco bohmeh seng
论 唱 当初 父母 生

Mbanjgwnz cix seng Ginhlenz beix
上村 就 生 金连 哥
Mbanjlaj cix seng Fanzbauj gvai
下村 就 生 凡保 乖
Mbanjgwnz Ginhlenz dungx lingzleih
上村 金连 肚子 伶俐
Mbanjlaj Fanzbauj dungx miz caiz
下村 凡保 肚子 有 才

Bohmeh cingq seng cib it ngeih
父母 正 生 十 一 二
Dungx mwngz lingzleih yiengh bouxsai
肚子 你 伶俐 一样 男人
Nienzgeij mwngz ndaej cib seiq haj
年纪 你 得 十 四 五
Yaek gag bae laj haeuj hag daiz
要 自己 去 下面 进 学 台(西台)

Yaek gag bae laj haeuj hag yauq
要 自己 去 下面 进 学 孝

Cam sou bohlaux hawj gou bae
问 你们 老父 给 我 去
Fanzbauj haemh ninz hwnz gag ngeix
凡保 夜晚 睡觉 夜深 自己 想
Mij miz hujgeiq doengzdoih bae
没 有 伙伴 作伴 去

Naeuz baih Saedaiz hag doegcih
说 边 西台 学 读书
Mij miz hujgeiq doengzdoih byaij
没 有 伙伴 作伴 走
Fanzbauj hai vah bohlaux naeuz
凡保 开 话 老父 说
Sou bit coenz hauq dingq gou baiz
你们 必 句 好 听 我 排(说)

Co'it co'ngeih gou goj ok
初一 初二 我 可 出去
Ngoenzcog ngoenzrawz gou goj byaij
明天 后天 我 可 走
Bohmeh lienzseiz cixnaj ndaq
父母 马上 当面 骂
Mij raen cauzyah gauj siucaiz
没 见 女孩 考 秀才

Goj raen bouxsai doeg sawcih
可 见 男人 读 文字

Mij raen mehmbwk doeg sawraiz
没 见 女人 读 文章
Buenx lwgbouxsai daeuj mbouj goj
陪伴 男孩子 来 不 可
Mehmbwk ok loh bae guh maz
女孩 出 路 去 做 什么

Buenx lwgbouxsai bae mbouj ha
陪伴 男孩子 去 不 呀
Cauzyah ok loh bae guh maz
女孩 出 路 去 做 什么
Fanzbauj hai vah bohlaux naeuz
凡保 开 话 老父 说
Sou bit coenz hauq dingq gou baiz
你们 必 句 好 听 我 排(说)

Gou le youq ranz baenz mehmbwk
我 呢 在 家 成 女孩
Ok loh bienq saek baenz bouxsai
出 路 变 色 成 男孩
Gou le youq ranz baenz cauzyah
我 呢 在 家 成 女孩
Ok loh bienqvaq baenz bouxsai
出 路 变化 成 男孩

Gou bae sam bi gou goj dauq
我 去 三 年 我 可 回来

Fanzbauj dauqma boh menh hawj
凡保 回来 父亲 慢(再) 给(嫁)
Fanzbaij dauqma boh menh haq
凡保 回来 父亲 慢(再) 嫁
Lau cog baenaj ndaej siucaiz
恐怕 以后 往后 得 秀才

Haetlaeng hwnqninz caengz swiq naj
第二天早上 起床 未 洗 脸
Bae dah aeuraemx ma cawj ngaiz
去 河 挑水 来 煮 饭
Bae daengz bangxdah caengz daekraemx
去 到 河岸 未 舀水
Ginhlenz gangliengj roengz ndoi sang
金连 撑伞 下 山坡 高

Ginhlenz gangliengj roengz ndoi gip
金连 撑伞 下 山坡 急
Aemq aen baufug daeuj cimh gaen
背 个 包袱 来 找 跟
Fanzbauj hai vah Ginhlenz naeuz
凡保 开 话 金连 说
Beix gou gangliengj bae gaen daeuj
兄 我 撑伞 去 跟 来

Ginhlenz lienzseiz couh dap vah
金连 连忙 就 答 话

Gou yaek bae laj doeg sawraiz
我 要 去 下面 读 文章
Fanzbauj hai vah Ginhlenz beix
凡保 开 话 金连 兄
Naeuz beix haeuj neix daeuj gwn caz
说 兄 进 这 来 喝 茶

Cingj mwngz gwn caz dangq yietnaiq
请 你 喝 茶 相当 休息
Gou miz go daih dem mwngz bae
我 有 哥 大 与 你 去
Gou miz go daih yaek doegcih
我 有 哥 大 要 读书
Mij miz hujgeiq doengzdoih bae
没 有 伙伴 作伴 去

Ginhlenz ndaejnyi coenz yienghneix
金连 听见 句 这样
Youh dem Fanzbauj doengz haeuj ranz
又 与 凡保 同 进 家
Fanzbauj rapraemx ma gangjgonq
凡保 挑水 来 前面
Ginhlenz gangliengj caemh gaen daeuj
金连 撑伞 也 跟 来

Fanzbauj rapraemx gwnzcamh cuengq
凡保 挑水 木楼上 放

Gaem geuz haeuj rug dawz gyaeuj raed
拿 剪刀 进 卧室 把 头发 剪
Laeq dawz gyaeuj raed lienz giet bienq
小子 把 头发 剪 连 结 辫子
Bienq saek bienq siengq yiengh bouxsai
变 色 变 相 样子 男人

Laeq giet diuz bienq le vanzbei
小子 结 条 辫子 了 完备
Hai sieng hai gvih aeu mad haiz
开 箱 开 柜 要 袜子 鞋子
Daenj haiz daenj mad cang gaenjgit
穿 鞋子 穿 袜子 打扮 结实
Cang ndang gaenjgit yiengh bouxsai
打扮 身体 结实 样子 男人

Cang ndang gaenjgit okdaeuj dongx
打扮 身体 结实 出来 打招呼
Baengzyoux bae lawz caeux baenz lai
朋友 去 哪里 早 这么 多
Baengzyoux bae lawz rox daengz neix
朋友 去 哪里 会 到 这
Bae guh deihleix rox louz daeuj
去 做 地理 或 玩 来

Bae guh louz daeuj rox cim dieg
去 做 玩 来 或 看 地(地理)

Rox bae doegcih baih Sihdaiz
知道 去 读书 边 西台
Ginlenz hai vah baengzyoux naeuz
金连 开 话 朋友 说
Mwngz bit coenz hauq dingq gou baiz
你 必 句 好 听 我 排(说)

Gou le dangco lwg iq boh
我 呢 当初 孩子 幼小 父亲
Yaek bae Lujgoz haeuj hagdangz
要 去 鲁国 进 学堂
Naeuz baih Sihdaiz hai fuengzhag
说 那边 西台 开 学堂
Ij lawz hozyaen cix doengz daeuj
那 哪样 何因 就 同 来

Naeuz baih Sihdaiz hai doegcih
说 那边 西台 开 读书
Langh miz hujgeiq cix doengz daeuj
如果 有 伙伴 就 同 来
Fanzbauj hai vah Ginhlenz naeuz
凡保 开 话 金连 说
Mwngz bit coenz hauq dingq gou baiz
你 必 句 好 听 我 排(说)

Raeuz le mingh dem daeuj doxcomz
我们 呢 命 同 来 相聚

Yaek baenz hujgeiq bae Sihdaiz
要 成 伙伴 去 西台
Yaek baenz beixnuengx bae Lujgoz
要 成 兄弟 去 鲁国
Raeuz doengz buenx loh bae Sihdaiz
我们 同 伴 路 去 西台

Cib yiengh gouj gaiq gangj doxdawz
十 样 九 件 讲 情投意合
Gaem liengj dem loh bae Sihdaiz
拿 伞 沿 路 去 西台
Bae daengz it leix daengz song leix
去 到 一 里 到 二 里
Bae daengz gizneix youh yietliengz
去 到 这里 又 歇凉

Daengz laj gominz sou yietnaiq
到 下 木棉树 你们 休息
Sou lwnh betceih bouxlawz lai
你们 论 八字 哪个 多(大)
Fanzbauj hai vah Ginhlenz naeuz
凡保 开 话 金连 说
Mwngz bit coenz hauq dingq gou baiz
你 必 句 好 听 我 排(说)

Gou hoh Fanzbauj nienz cib haj
我 祝贺 凡保 年 十 五

Doiqnaj cam beix ndaej geijlai
对面 问 哥 得 多少
Ginjlenz hai vah Fanzbauj naeuz
金连 开 话 凡保 说
Mwngz bit coenz hauq dingq gou baiz
你 必 句 好 听 我 排(说)

Gou Liengz Ginhlenz nienz cib bet
我 梁 金连 年 十 八
Nienzgeng betceih gou lai lai
年庚 八字 我 多 多(大)
Raeuz lwnh nienzgeij raeuz lwnh coh
我们 论 年纪 我们 论 名字
Doengzdoih gangjgoj bae Sihdaiz
作伴 聊天 去 西台

Bae daengz it leix daengz song leix
去 到 一 里 到 二 里
Bae daengz gizneix youh doekfwn
去 到 这里 又 下雨
Bae daengz gizneix cix roen gumh
去 到 这里 也 路 凹
Fanzbauj van'gungj nyouh gyang dah
凡保 弯腰 屙尿 中间 河

Ginhlenz hai vah Fanzbauj naeuz
金连 开 话 凡保 说

Yaen maz van'gungj nyouh gyang dah
因 什么 弯腰 屙尿 中间 河
Fanzbauj hai vah Ginhlenz naeuz
凡保 开 话 金连 说
Mwngz bit coenz hauq dingq gou baiz(naeuz)
你 必 句 好 听 我 排(说)

Haetneix okdaeuj bohmeh daengq
今早 出来 父母 吩咐
Hawj raeuz roengz naengh mbouj hwnj ndang
给 我们 下 坐 不 起 身
Hwnjyongq oknyouh famh diendeih
起蹲 屙尿 犯 天地
Baenaj doegcih dungx mbouj gvai
往后 读书 肚子 不 乖

Bae daengz it leix daengz song leix
去 到 一 里 到 二 里
Bae daengz gizneix youh roengzfwn
去 到 这里 又 下雨
Bae daengz gizneix fwn doekraq
去 到 这里 雨 下阵雨
Seiq cawq raemx dah hwnjloeglienz
四 处 水 河 涨涟涟

Fanzbauj hai vah Ginhlenz beix
凡保 开 话 金连 兄

Mwngz bae gangjgonq dingh raemx lai
你 去 前面 (测)定 水 多(深)
Mwngz bae gangjgonq dingh raemx laeg
你 去 前面 (测)定 水 深
Gaeuj daengz caez aek rox caez sai
看 到 齐 胸 或 齐 (裤)带

Ginhlenz duet buh gvaq bae gonq
金连 脱 衣服 过 去 先
Fanzbauj lienz vaq bae gaen laeng
凡保 连 裤子 去 跟 后面
Ginhlenz hai vah Fanzbauj naeuz
金连 开 话 凡保 说
Yaen maz gvaq raemx mbouj duet ndang
因 什么 过 水 不 脱 身(衣服)

Yaen maz gvaq raemx mbouj duet buh
因 什么 过 水 不 脱 衣服
Rox cix mehmbwk bienq bouxsai
或 就(是) 女孩 变 男孩
Fanzbauj hai vah Ginhlenz naeuz
凡保 开 话 金连 说
Mwngz bit coenz hauq dingq gou baiz
你 必 句 好 听 我 排(说)

Haetneix okdaeuj bohmeh daengq
今早 出来 父母 吩咐

Hawj raeuz gvaq raemx mbouj duet ndang
给 我们 过 水 不 脱 身体(衣服)
Lohgengz gvaq dah famh diendeih
光背 过 河 犯 天地
Baenaj doegcih dungx mbouj gvai
往后 读书 肚子 不 乖

Duet buh gvaq dah famh Lungzmeh
脱 衣服 过 河 犯 龙母
Cog raeuz baenaj mbouj cung guen
以后 我们 往后 不 中 官
Bae daengz it leix daengz song leix
去 到 一 里 到 二 里
Bae daengz gizneix baih Sihdaiz
去 到 这里 边 西台

Bae daengz Sihdaiz gaen boux hag
去 到 西台 跟 个 学
Gak boux roengz gvih bohsae daiz
各 个 下 跪 老师 台(西台)
Diemj daeng siuyieng baiq Fuhswj
点 灯 烧香 拜 夫子
Gak boux roengz gvih bohsae daiz
各 个 下 跪 老师 台(西台)

Sou baiq bohsae le vanzbei
你们 拜 老师 了 完备

Gak vih doengzseng cingj gwn caz
各 位 童生 请 喝 茶
Gwn laeuj gwn caz le vanzbei
喝 酒 喝 茶 了 完备
Raeuz aeu sawcih raeuz ma caz
我们 要 书本 我们 来 查看

Hai aeu sawcih raeuz ma doeg
开 要 书本 我们 来 读
Gak hoh Fanzbauj naengh baihnamz
各个 祝贺 凡保 坐 南边
Ngoenz sou doegsaw ndaw ranzhag
每天 你们 读书 里 学堂
Bohsae diemj coh doiq siucaiz
老师 点 名字 对 秀才

Diemj coh Ginhlenz Liengz Sanhbwz
点 名字 金连 梁 山伯
Diemj coh Fanzbauj Cuz Yinghdaiz
点 名字 凡保 祝 英台
Ngoenz sou doegsaw sou caemh yienh
白天 你们 读书 你们 同 砚
Haemh sou doegcih sou caemh daiz
晚上 你们 读书 你们 共 桌子

Ngoenz sou doegsaw sou caemh cek
白天 你们 读书 你们 共 课本

Haemh sou doengz ninz mbinj gek gyang
晚上 你们 同 睡 席子 隔 中间
Doengz ninz ranzhag hanzraemx gek
同 睡 学堂 扁担 隔
Aeu diuz hanzraemx gek gvaq gyang
要 条 扁担 隔 过 中间

Aeu diuz hanzraemx gek gvaq vang
要 条 扁担 隔 过 横
Bouxlawz langh loengh bouxde dai
哪个 如果 弄 哪个 死
Sanhbwz hai vah Yinghdaiz naeuz
山伯 开 话 英台 说
Guhlawz hanzraemx gek gvaq gyang
为什么 扁担 隔 过 中间

Guhlawz hanzraemx gek gvaq vang
为什么 扁担 隔 过 横
Rox cix mehmbwk bienq bouxsai
或 就(是) 女孩 变 男孩
Yinghdaiz hai vah Sanhbwz naeuz
英台 开 话 山伯 说
Beix gou coenz hauq dingq gou baiz
兄 我 句 好 听 我 排(说)

Gaej hawj ndangnoh raeuz doxnep
别 给 身体 我们 相靠近

Daeuj doeg sawcek dungx mbouj gvai
来 读 书本 肚子 不 乖
Vuengzdaeq gwnzdangz lozgingq ciuq
皇帝 堂上 罗盘 照
Ciuq naeuz ranzhag miz nuzcaiz
照 说 学堂 有 奴才(女人)

Ciuq naeuz ranzhag miz mehmbwk
照 说 学堂 有 女孩
Miz boux mehmbwk gap bouxsai
有 个 女孩 搭档 男孩
Sienseng hai vah vuengzdaeq naeuz
先生 开 话 皇帝 说
Ranzhag mbouj miz boux nuzcaiz
学堂 没 有 个 奴才(女人)

Ranzhag mbouj miz boux mehmbwk
学堂 没 有 个 女孩
Mbouj miz mehmbwk gap bouxsai
没 有 女孩 搭档 男孩
Vuengzdaeq hai vah sienseng naeuz
皇帝 开 话 先生 说
Haetcog ranzrongh nyouh gvaq gai
明早 天亮 (屙)尿 过 街

Yinghdaiz haemh ninz hwnz gag ngeix
英台 晚上 睡觉 夜晚 自己 想

Haetcog yienghlawz nyouh gvaq gai
明早 怎样 (屙)尿 过 街

Haetlaeng hwnqninz caengz swiq naj
第二天早上 起床 未 洗 脸

Bae laj daepbit ma laeng ndang
去 下面 笔套 来 向 身体

Bae laj daepbit ma couh dam
去 下面 笔套 来 就 连接

Di nyouh biu set lumj bouxsai
一点 尿 射 去 像 男孩

Duhvunz cix biu sam cik ngeih
别人的 就 射 三 尺 二

Duhlaeq cix biu seiq cik lai
小子的 却 射 四 尺 多

Vuengzdaeq gwnzdangz gag mbouj saenq
皇帝 堂上 自己 不 相信

Roxnaeuz lozgingq gou miz ngeiz
或者 罗盘 我 有 疑(问题)

Roxnaeuz lozgingq gou yaek baih
或者 罗盘 我 将要 败

Gag naeuz ranzhag miz nuzcaiz
自己 说 学堂 有 奴才(女人)

Oknyouh gvaq gai le vanzbei
屙尿 过 街 了 完备

Daugma ranzhag doeg sawraiz
回来 学堂 读 文章
Ngoenz sou doegsaw mij miz muenx
每天 你们 读书 没 有 隐瞒
Iu beix doengzdoih bae louz gai
邀 兄 作伴 去 游玩 街

Iu beix doengzdoih bae louz bouq
邀 兄 作伴 去 游玩 店铺
Miz doiq beghag gvaq naj vaiq
有 对 白鹤 过 面前 快速
Miz doiq beghag gvaq baihnaj
有 对 白鹤 过 面前
Cam beix duzyah rox duzgvan
问 兄 母的 或 公的

Cam beix duzgvan rox duzyah
问 兄 公的 或 母的
Mwngz beix hoiz vah nuengx bae ranz
你 兄 回答 话 妹 去 家
Sanhbwz hai vah Yinghdaiz naeuz
山伯 开 话 英台 说
Nuengx ndei Fanzbauj dingq gou baiz
弟弟 好 凡保 听 我 排(说)

Mwngz le duenz cih gou rox cih
你 呢 猜 字 我 懂 字

Mwngz duenz duzneix mbouj rox gonq
你 猜 这只 不 懂 先

Mwngz le duenz cih gou roxnaj
你 呢 猜 字 我 认识

Mbouj rox duzyah rox duzgvan
不 懂 母的 或 公的

Mbouj rox duzgvan rox duzyah
不 懂 公的 或 母的

Gou nanz hoiz vah nuengx Yinghdaiz
我 难 回答 话 弟弟 英台

Duenz doiq beghag mij roxnaj
猜 对 白鹤 不 认识

Dauqma ranzsaw doeg sawraiz
回来 书堂 读 文章

Ngoenz sou doegsaw mij miz muenx
每天 你们 读书 没 有 隐瞒

Iu beix doengzdoih bae louz gai
邀 兄 作伴 去 游玩 街

Iu beix doengzdoih bae louz bouq
邀 兄 作伴 去 游玩 店铺

Miz doiq ciu buenx gvaq naj vaiq
有 对 画眉鸟 结伴 过 面前 快速

Miz doiq ciu buenx gvaq baihnaj
有 对 画眉鸟 结伴 过 面前

Cam beix duzyah duzlawz gvan
问 兄 母的 哪只 公
Cam beix duzgvan duzlawz yah
问 兄 公的 哪只 母
Mwngz beix hoiz vah nuengx bae ranz
你 兄 回答 话 妹 去 家

Sanhbwz hai vah Yinghdaiz naeuz
山伯 开 话 英台 说
Singq neix Fanzbauj dingq gou baiz
姓 这 凡保 听 我 排(说)
Mwngz le duenz cih gou rox cih
你 呢 猜 字 我 懂 字
Mwngz duenz duzneix mbouj rox gonq
你 猜 这只 不 会 先

Mwngz duenz duzneix mbouj roxnaj
你 猜 这只 不 认识
Mbouj rox duzyah rox duzgvan
不 懂 母的 或 公的
Mbouj rox duzgvan duzlawz yah
不 懂 公的 哪只 母
Gou nanz hoiz vah nuengx Yinghdaiz
我 难 回答 话 弟弟 英台

Duenz doiq ciu buenx mij roxnaj
猜 对 画眉鸟 结伴 不 认识

Dauqma ranzsaw doeg sawraiz
回来 学堂 读 文章
Ngoenz sou doegsaw mij miz muenx
每天 你们 读书 没 有 隐瞒
Iu beix doengzdoih bae louz gai
邀 兄 作伴 去 游玩 街

Iu beix doengzdoih bae louz bouq
邀 兄 作伴 去 游玩 店铺
Gova siglouz youq gyang gai
花 石榴 在 中间 街
Gyanghaemh bae gaeuj va cingq lup
晚上 去 看 花 正 闭合
Gyanghaet bae gaeuj va cingq hai
早上 去 看 花 正 开

Yinghdaiz hai vah Sanhbwz naeuz
英台 开 话 山伯 说
Gova siglouz yienghlawz hai
花 石榴 怎样 开
Sanhbwz hai vah Yinghdaiz naeuz
山伯 开 话 英台 说
Gova siglouz mehmbwk ndang
花 石榴 女人 身

Gova siglouz ndang mehmbwk
花 石榴 身 女人

Giz itseiz giz itseiz hai
处 一时 处 一时 开
Giz itseiz hai itseiz hai
处 一时 开 一时 开
Yinghdaiz doeknaiq youq gyang gai
英台 丧气 在 中间 街

Yinghdaiz siengsim gag gwnheiq
英台 伤心 自己 怄气
Raemxda doq lae daeujbi'byanz
眼泪 马上 流 来纷纷
Sanhbwz hai vah Yinghdaiz naeuz
山伯 开 话 英台 说
Nuengx ndei Fanzbauj dingq gou baiz
弟弟 好 凡保 听 我 排(说)

Mwngz miz yienghlawz dem gwnheiq
你 有 怎样 和 怄气
Raemxda doq lae daeujbi'byan
眼泪 马上 流 来纷纷
Yinghdaiz hai vah Sanhbwz naeuz
英台 开 话 山伯 说
Mwngz bit coenz hauq dingq gou baiz
你 必 句 好 听 我 排(说)

Raeuz daeuj sam cin nanz daengz neix
我们 来 三 春 难 到 这里

Ngeix gyaez bohmeh gou lailai
想念 爱 父母 我 多多(很)
Dwen daengz bohmeh raemxda lae
提 到 父母 眼泪 流
Ngeix daengz bohmeh raemxda roengz
想念 到 父母 眼泪 下

Sanhbwz hai vah Yinghdaiz naeuz
山伯 开 话 英台 说
Nuengx ndei Fanzbauj dingq gou baiz
弟弟 好 凡保 听 我 排(说)
Raeuz daeuj doegcih cix niemh cih
我们 来 读书 就 念 字(书)
Gaej ngeix bohmeh guhngaizngaiz
别 想 父母 沉思(很想念)

Nuengx mwngz ngeix lai dungx mbouj gvai
弟弟 你 想 多 肚子 不 乖
Cog bae gaujsi mbouj cung guen
以后 去 考试 不 中 官
Dwen daengz bohmeh sim fanzheiq
提 到 父母 心 烦躁不安
Raeuz daeuj doegcih sim mbouj gvai
我们 来 读书 心 不 乖

Yinghdaiz hai vah Sanhbwz naeuz
英台 开 话 山伯 说

Mwngz bit coenz hauq dingq gou baiz
你 必 句 好 听 我 排(说)
Ngoenzcog ngoenzrawz gou goj ok
明天 后天 我 可 出去
Ngoenzrawz ngoenz rongh gou goj daeuj
后天 天 亮 我 可 来

Bohmeh gag gou dang lwg dog
父母 单独 我 当 孩子 单独
Hwnzngoenz goj gag gou Yinghdaiz
日夜 可 自己 我 英台
Sanhbwz hai vah Yinghdaiz naeuz
山伯 开 话 英台 说
Nuengx ndei Fanzbauj dingq gou baiz
弟弟 好 凡保 听 我 排(说)

Raeuz daeuj sam cin nanz daengz neix
我们 来 三 春 难 到 这
Goj ndaej gucnvih cix bae ranz
可 得 官位 就 去 家
Yinghdaiz hai vah Sanhbwz naeuz
英台 开 话 山伯 说
Mwngz bit coenz hauq dingq gou baiz
你 必 句 好 听 我 排(说)

Mbwn goq deih goq mwngz mbouj youq
天 照顾 地 照顾 你 不 在

Mwngz le hoiz bouh mbouj dauqdaeuj
你 呢 回 步 不 回来
Yinghdaiz hai vah Sanhbwz naeuz
英台 开 话 山伯 说
Mwngz bit coenz hauq dingq gou baiz
你 必 句 好 听 我 排(说)

Daengz bae ranz mwngz mwngz cix ngeix
到 去 家 你 你 就 想
Cog beix bae ranz beix cix caz
以后 兄 去 家 兄 就 查
Bae daengz Bwzsah mwngz cix muengh
去 到 伯沙 你 就 望
Ranz nuengx cihhauh mbouj hoj caz
家 弟弟 字号 不 难 查

Seiq bien bet baih gienj ranz vax
四 边 八 面 卷 房 瓦
Ranz nuengx dap laj miz gova
家 弟弟 塔 下面 有 花丛
Dap gwnz gou miz doiq beghag
塔 上面 我 有 对 白鹤
Haj dap ranzvax gienj miz va
五 塔 瓦房 卷 有 花

Dap gwnz song mbiengj miz duzmbaj
搭 上面 两 边 有 蝴蝶

Dap laj gyanghongh miz gova
塔 下面 院子 有 花丛
Song duz gizlinz youq song mbiengj
两 只 麒麟 在 两 边
Miz doiq sigma souj monzlouz
有 对 石狗 守 门楼

Baihlaeng gou miz aen cauz max
后面 我(家) 有 个 槽 马
Baihnaj gou miz aen cauz lungz
前面 我(家) 有 个 槽 龙
Cib yiengh gouj gienh daengq vanzbei
十 样 九 件 吩咐 完备
Sij saw cib cih coh lajdaiz
写 字 十 字 向(放) 桌下

Sij saw cib cih coh lajgaq
写 字 十 字 向(放) 架下
Daengq mwngz Sanhbwz nyinh cix hai
吩咐 你 山伯 记得 就 开
Haemh mwngz diemj daeng mwngz menh cek
晚上 你 点 灯 你 慢(再) 拆开
Vunz ninz mingzbeg mwngz menh hai
别人 睡觉 明白 你 慢(再) 开

Yinghdaiz maranz ndaej sam haemh
英台 回家 得 三 晚

Sanhbwz dawz saw neix ma hai
山伯 拿 书信 这 来 开
Gwn laeuj diemj daeng le mingzbeg
喝 酒 点 灯 了 明白
Cix nyaeb lajgaq mbek sawraiz
就 捡 架下 撕开 书信

Fwngz gaem fung saenq dawz ma doeg
手 拿 封 信 拿 来 读
Raen mwngz Fanzbauj nuengx Yinghdaiz
看见 你 凡保 弟弟 英台
Bak mwngz cix doeg hoz cix ngeix
嘴 你 就 读 脖子(心) 就 想
Raemxda doq doek daeujbi'byan
眼泪 马上 落 来纷纷

Coenzcoenz goj ndaq Sanhbwz bax
句句 可 骂 山伯 笨
Cihcih goj ndaq Sanhbwz huk
字字 也 骂 山伯 蠢
Youh ndaq Sanhbwz huk dem bax
又 骂 山伯 蠢 和 笨
Doengzdoih cauzyah mij rox gonq
同伴 女孩 不 懂 先

Sanhbwz goj raen gaiq yienghneix
山伯 可 见 件 这样

Geijseiz ranzrongh yaek baema
几时 天亮 要 回去
Haetlaeng hwnqninz caengz swiq naj
第二天早上 起床 未 洗 脸
Bae daengq doengzban lienz doenggya
去 吩咐 同伴 连 东家

Bae daengq doenggya lienz doengzban
去 吩咐 东家 连 同伴
Sanhbwz gaem liengj ok hagdangz
山伯 拿 伞 出 学堂
Bit maeg lienz yienh coh baufug
笔 墨 连 砚 向(放) 包袱
Bulaengbuli cimh Yinghdaiz
匆匆忙忙 找 英台

Byaij roen sam ngoenz mbouj gwn haeux
走 路 三 天 不 吃 饭
Bakbak goj hemq nuengx Yinghdaiz
声声 可 喊 弟弟 英台
Yinghdaiz ma ranz ndaej sam haemh
英台 来 家 得 三 晚
Maj gyah hozgaemx lienz daengq moiz
马 家 性急 连 吩咐 媒人

Maj gyah daengq moiz roengzdaeuj dingh
马 家 吩咐 媒人 下来 定(亲)

Nienzmingh bae doek Maj gyah langz
年命 去 落 马 家 郎
Sanhbwz ma ranz ndaej sam haemh
山伯 来 家 得 三 晚
Bohmeh bae cam cix mbouj han
父母 去 问 也 不 应

Mehlaux bae cam cix mbouj gangj
母亲 去 问 也 不 讲
Bohlaux bae cam cix mbouj han
父亲 去 问 也 不 应
Bohmeh hai vah Sanhbwz naeuz
父母 开 话 山伯 说
Simfanz yienghlawz cam mbouj han
心烦 哪样 问 不 应

Mwngz miz yienghlawz dem gwnheiq
你 有 哪样 和 怄气
Raemxda doq ok daeujbi'byan
眼泪 马上 出 来纷纷
Mwngz miz yienghlawz dem dungx luenh
你 有 哪样 和 肚子(心) 乱
Roxnaeuz nuengx ndei mij ciep caz
或者 弟弟 好 没 接 茶

Roxnaeuz nuengx ndei mij ciep liengj
或者 弟弟 好 没 接 伞

Mwngz cix dungx luenh mij ndaej han
你 就 肚子(心) 乱 不 得 应

Ginhlenz hai vah bohmeh naeuz
金连 开 话 父母 说

Sou bit coenz hauq dingq gou naeuz
你们 必 句 好 听 我 说

Gou mij naeuz nuengx mij ciep liengj
我 没 说 弟弟 没 接 伞

Mij naeuz nuengx ndei mij ciep caz
没 说 弟弟 好 没 接 茶

Dwen daengz Yinghdaiz raemxda lae
提 到 英台 眼泪 流

Ngeix daengz Yinghdaiz raemxda roengz
想 到 英台 眼泪 下

Gou dem Yinghdaiz bae Lujgoz
我 和 英台 去 鲁国

Mij rox Yinghdaiz vunz nuzcaiz
不 知道 英台 人 奴才(女人)

Langh rox Yinghdaiz vunz mehmbwk
如果 知道 英台 人 女孩

Gou sien miz lwg baih Sihdaiz
我 先 有 孩子 那边 西台

Mehlaux lienzseiz ciznaj ndaq
母亲 马上 当面 骂

Mwngz raen cauzyah mij rox gonq
你 看见 女孩 不 知道 先
Mwngz raen cauzyah mij roxnaj
你 看见 女孩 不 认识
Geijseiz cauzyah lwnh bouxsai
几时 女孩 论 男孩

Mehmbwk aenndang de linghgag
女孩 身体 她 不同
Bien bak cauzyah mbouj miz bwn
边 嘴 女孩 没 有 毛
Mehmbwk bwn de gungj giz gyang
女孩 毛 她 弓 处 中间
Mehmbwk giemzhangz mbouj hwnj bwn
女孩 下巴 不 长 毛

Bouxsai ndangnoh sou haunyo
男孩 身体 你们 皓白
Mehmbwk ndangnoh de hausaek
女孩 身体 她 雪白红润
Mbouj baenz duhmwngz gij yienzfaenh
不 成 你们 的 缘分
Mwngz gaej bae raen dah Yinghdaiz
你 别 去 见 个(女孩) 英台

Baenz duh Maj gyah dih yienzfaenh
成 那 马 家 的 缘分

Ma ranz sam haemh moiz cix cam
回 家 三 晚 媒人 就 问
Moiz daeuj lienz cam lienz aeu mingh
媒人 来 连 问 连 要 命
Nienzmingh bae doek Maj gyah langz
年命 去 嫁 马 家 郎

Naeuz mwngz Ginhlenz gaej gwnheiq
说 你 金连 别 受气
Aeu ngaenz bae geiq guh doengznienz
要 银 去 寄 做 同年
Haemh laeq gag ninz hwnz gag ngeix
夜晚 小子 自己 睡 半夜 自己 想
Geiq aeu fung saenq soengq Yinghdaiz
寄 要 封 信 送 英台

Aeu cienz aeu ngaenz gungh cien ngeih
要 钱 要 银 共 千 二
Geiq boux moizloh soengq Yinghdaiz
寄 个 媒人 送 英台
Yinghdaiz gag youq gag swhsiengj
英台 自己 在 自己 思想
Beix langh gyaez nuengx cix daeuj cwnz
哥 如果 喜欢 妹 就 来 巡(看望)

Beix langh gyaez nuengx cix daeuj coh
哥 如果 喜欢 妹 就 来 向

Doengzdoih gangjgoj baih Sihdaiz
一起 聊天 边 西台
Sanhbwz ndaejnyi coenz yienghneix
山伯 听见 句 这样
Geijseiz ranzrongh gou yaek bae
几时 天亮 我 要 去

Haetlaeng hwnqninz caengz swiq naj
第二天早上 起床 未 洗 脸
Lienz cang daegmax gya song bien
连忙 装扮 公马 架 两 边
Lienz cang daegmax ciemq beix Boz
连忙 装扮 公马 占 兄 伯(山伯)
Bae coh Fanzbauj nuengx Yinghdaiz
去 向 凡保 妹 英台

Bae daengz bakdou cap roengz max
去 到 门口 插(跳) 下 马
Geijseiz raen naj nuengx Yinghdaiz
几时 见 面 妹 英台
Bae daengz gwnzmbanj ngiengx naj muengh
去 到 村上 仰 脸 望
Gyanghongh cingq raen miz gova
院子 正 见 有 花丛

Gwnzranz cingq raen doiq beghag
屋上 正 见 对 白鹤

Haj dap ranzvax cingq miz va
五 塔 瓦屋 正 有 花
Sanhbwz bae daengz haeuj roengz max
山伯 去 到 进 下 马
Youh dawz daegmax lamh gova
又 拿 公马 绑 花丛

Yinghdaiz raen beix Sanhbwz daeuj
英台 看见 哥 山伯 来
Cang ndang roi gyaeuj ndaw fuengzva
打扮 身体 梳理 头 里 闺房
Sanhbwz bae daengz gag gwnheiq
山伯 去 到 自己 怄气
Raemxda doq doek daeujbi'byan
眼泪 马上 落 来纷纷

Raemxda doq doek daeuj mbouj duenh
眼泪 马上 落 来 不 断
Sanhbwz cuengq sing daejbaibai
山伯 放 声 哭泣泣
Yinghdaiz bae daengz fwngz couh eiq
英台 去 到 手 就 扶
Cingj beix Sanhbwz naengh gwn caz
请 哥 山伯 坐 喝 茶

Gwn caz dajgangj le vanzbei
喝 茶 寒暄 了 完备

Mwngz beix doeknaiq duh gaiqmaz
你 哥 丧气 的 什么
Mwngz miz gaiqmaz dem gwnheiq
你 有 什么 和 怄气
Raemxda doq doek daeujbi'byan
眼泪 马上 落 来纷纷

Sanhbwz hai vah Yinghdaiz naeuz
山伯 开 话 英台 说
Nuengx ndei Fanzbauj dingq gou baiz
妹 好 凡保 听 我 排(说)
Mwngz ma sam ngoenz gou raen saw
你 回来 三 天 我 看见 书信
Haemh ngoenz gwnheiq dem mwngz lai
夜晚 白天 怄气 和 (为)你 多

Mwngz ma sam ngoenz gou raen coh
你 回来 三 天 我 看见 名字
Cix rox Fanbauj vunz nuzcaiz
才 知道 凡保 人 奴才(女人)
Gou le gyaez mwngz mwngz gyaez gou
我 呢 爱 你 你 爱 我
Vah mbouj doxyaeuh aen Sihdaiz
话 不 相欺负 个 西台
Yinghdaiz hai vah Sanhbwz beix
英台 开 话 山伯 兄
Mwngz dingz sing daej dingq gou baiz
你 停 声 哭 听 我 排(说)

Hawj gou guh lawz lwnh mwngz beix
给 我 做 怎样 论 你 哥
Duenz sam duenz seiq mij rox gonq
猜 三 猜 四 没 懂 先

Goj raen aen ruz bae coh dah
可 见 艘 船 去 向 河
Mij raen cauzyah coh bouxsai
没 见 女孩 向 男孩
Daih'it cix duenz doiq beghag
第一 就 猜 对 白鹤
Mwngz beix Sanhbwz mij rox gonq
你 哥 山伯 没 懂 先

Daihngeih cix duenz doiq ciu buenx
第二 又 猜 对 画眉鸟 作伴
Mwngz beix Sanhbwz mij rox gonq
你 哥 山伯 没 懂 先
Doengz ninz ranzhag hanzraemx gek
同 睡 学堂 扁担 隔开
Mwngz beix Sanhbwz mij rox gonq
你 哥 山伯 没 懂 先

Doxsoengq gvaq dah raeuz doxsaj
相送 过 河 我们 相泼水
Hwnj daengz gwnzdah baiq sigbaiz
上 到 岸上 拜 石碑

Caez baiq sigbaiz le vanzbei
齐 拜 石碑 了 完备
Duenz song cih neix hawj mwngz gonq
猜 两 字 这 给 你 先

Duenz yaem duenz yiengz mwngz mbouj rox
猜 阴 猜 阳 你 不 懂
Gvaq le cix coh nuengx Yinghdaiz
过 了 就 向(来) 妹 英台
Gou yaem mwngz yiengz langh roxnaj
我 阴 你 阳 如果 认识
Sien baenz gvanbaz baih Sihdaiz
先 成 夫妇 边 西台

Sien baenz gvanbaz baih Lujgoz
先 成 夫妇 边 鲁国
Mwngz sien baenz boh baih Sihdaiz
你 先 成 父亲 边 西台
Duenz yaem duenz yiengz mij roxnaj
猜 阴 猜 阳 不 晓得
Nuengx ndei Fanbauj cix ma ranz
妹 好 凡保 就 来 家

Daengq beix Sanhbwz mwngz gaej daej
吩咐 哥 山伯 你 别 哭
Cog mwngz goj ndaej nuengx Yinghdaiz
明天 你 可 得 妹 英台

Banneix mbouj ndaej gou cixba
现在 不 得 我 也罢
Cog dai baenaj menh doxaeu
明天 死 以后 慢(再) 相嫁娶

Mwngz cix gyaez gou gou gyaez mwngz
你 也 爱 我 我 爱 你
Fwngz gaem mehvaq hawj mwngz gvai
手 抓 衣裙 给 你 乖
Langh baenz duhmwngz dih yienzfaenh
如果 成 你的 的 缘分
Roxnyinh sam haemh mwngz cix hai
记得 三 晚 你 就 开

Roxnyinh sam haemh mwngz cix gaeuj
晓得 三 晚 你 就 看
Naeuz mwngz Sanhbwz nuengx Yinghdaiz
说 你 山伯 妹 英台
Sanhbwz hai vah Yinghdaiz naeuz
山伯 开 话 英台 说
Haetcog ranzrongh yaek bae ranz
明早 天亮 要 去 家

Haetcog ranzrongh yaek hoiz yiengq
明早 天亮 要 回 向
Guhlawz lumznaj nuengx Yinghdaiz
怎样 忘记 妹 英台

Yinghdaiz ndaejnyi coenz yienghneix
英台 听见 句 这样
Cang ndang daenj vunj soengq Ginhlenz
装 身 穿 裙 送 金连

Sanhbwz ok dou Yinghdaiz siengq
山伯 出 门 英台 相(看)
Gizloz doxbuenx soengq ok dou
奇罗 相伴 送 出 门
Bae daengz lajmbanj sou doxbiek
去 到 乡下 你们 告别
Goj lumj lwg ngieg biek lwg lungz
可 像 仔 蛟龙 别 仔 龙

Sanbwz laeg max cienq doxdauq
山伯 勒 马 转身 回头
Raen nuengx Fanbauj raemxda roengz
看见 妹妹 凡保 眼泪 下
Yinghdaiz laeg loz cienq naj daengq
英台 勒 骡马 转 脸 吩咐
Mwngz beix haethaemh gaej fanzsim
你 哥哥 早晚 别 烦心

Daengq beix haethaemh mwngz gaej daej
吩咐 哥哥 早晚 你 别 哭
Cog mwngz goj ndaej nuengx Yinghdaiz
明天(以后) 你 可 得 妹妹 英台

Sanhbwz dangseiz hoz mbouj fug
山伯 当时 脖子(心) 不 服
Youh dawz mehvaq neix ma gwn
又 拿 衣裙 这 来 吃(咬)

Bak mwngz cix gwn hoz cix yaem
嘴 你 边 吃(咬) 喉咙 边 饮(咽)
Gvaq saek conq hoz mwngz cingq dai
过 塞 钻 喉咙 你 正 死
Sanhbwz caengz dai sien yinxgvangh
山伯 未 死 先 引光
Naeuz sou daihcangq gaej siuj maiz
说 你们 大葬 别 小 埋

Doengfueng saefueng sou gaej cangq
东方 西方 你们 别 葬
Saefueng mbouj dwg loh Yinghdaiz
西方 不 是 路 英台
Baekfueng cungqgyang sou gaej cangq
北方 中间 你们 别 葬
Cungqgyang mbouj dwg loh Yinghdaiz
中间 不 是 路 英台

Dawz bae namzfueng cingq ancangq
拿 去 南方 正 安葬
Namzfueng cingq daihloh Yinghdaiz
南方 正 大路 英台

Dawz bae namzfueng cangq sam haemh
拿 去 南方 葬 三 晚
Maj gyah baij ndaej coux Yinghdaiz
马 家 派 得 迎 英台

Maj gyah baij ndaej coux Fanzbauj
马 家 派 得 迎 凡保
Daj laz boq hauh gvaq vunzlai
打 锣 吹 号 过 众人
Aengiuh daih'it giuh ciu beix
轿子 第一 轿 招 哥
Aengiuh daihngeih giuh daudaiz
轿子 第二 轿 道台

Aengiuh daihsam giuh huzsiengh
轿子 第三 轿 和尚
Aengiuh daihseiq giuh Yinghdaiz
轿子 第四 轿 英台
Bae daengz buenq roen gyang daihloh
去 到 半 路 中间 大路
Muengh raen moh moq youq gyang haz
望 见 墓 新 在 中间 茅草

Yinghdaiz hai vah vunzfou naeuz
英台 开 话 轿夫 说
Bouxlawz dai moq moh gyang haz
哪个 死 新 墓 中间 茅草

Vunzfou hai vah Yinghdaiz naeuz
轿夫 开 话 英台 说
Sanhbwz dai moq moh gyang haz
山伯 死 新 墓 中间 茅草

Yinghdaiz hai vah vunzfou naeuz
英台 开 话 轿夫 说
Sou le cuengq giuh gou bae caz
你们 呢 放 轿 我 去 查看
Yinghdaiz bae daengz sam boi laeuj
英台 去 到 三 杯 酒
Naeuz ciu Sanhbwz nuengx Yinghdaiz
说 招 山伯 妹 英台

Mwngz le gyaez gou gou gyaez mwngz
你 呢 爱 我 我 爱 你
Gingq sam boi laeuj neix hawj mwngz
敬 三 杯 酒 这 给 你
Sam baiq roengz gvih gou youh daej
三 拜 下 跪 我 又 哭
Gaeuj beix Sanhbwz yienghlawz baiz
看见 哥哥 山伯 怎样 排(说)

Roek baiq roengz gvih gou youh daej
六 拜 下 跪 我 又 哭
Gaeuj mwngz mohfaenz hai mbouj hai
看 你 坟墓 开 不 开

Gouj baiq roengz gvih moh cingq doengh
九 拜 下 跪 墓 正 动
Aen moh lienz hai hawj Yinghdaiz
个 墓 连 开 给 英台

Mohfaenz lienz hai bae daengz le
坟墓 连 开 去 到 了
Mbwn hawj Sanhbwz aeu Yinghdaiz
天 给 山伯 娶 英台
Vunzfou lienzseiz daeujliuliu
轿夫 马上 来悠悠
Dawz giuh Maj gyah neix ma baiz
拿 轿 马 家 这 来 摆

Dawz giuh Maj gyah neix ma cuengq
拿 轿 马 家 这 来 放
Fanzbauj haeuj moh mbouj doxdauq
凡保 进 墓 不 回来
Maj gyah dangciengz daeujliuliu
马 家 当场 来悠悠
Daeggou bae laex bae mou yiengz
我 去 礼 去 猪 羊

Daeggou bae laex bae ngaenz bak
我 去 礼 去 银 百
Faenhgou bae laex bae mou yiengz
我 去 礼 去 猪 羊

Maj gyah hai vah vunzfou naeuz
马 家 开 话 轿夫 说
Sou aeu faggvak ma gou caz
你们 要 锄头 来 我 查

Goed mbat daih'it mij raen heiq
挖 次 第一 没 见 气
Goed mbat daihngeih mij raen va
挖 次 第二 没 见 花
Goed mbat daihsam bae daengz le
挖 次 第三 去 到 了
Bienq doiq yenhyangh mbin hwnjma
变 对 鸳鸯 飞 起来

Yenhyangh mbin bae gumh doek gumh
鸳鸯 飞 去 凹 又 凹
Maj gyah goj cimh ndoi doek ndoi
马 家 可 找 坡 又 坡
Yenhyangh mbin bae daengz gwnzdah
鸳鸯 飞 去 到 河上
Maj gyah mbouj ndaej doek gyang dah
马 家 不 得 落 中间 河

Maj gyah dangseiz hoz mbouj fug
马 家 当时 脖子(心) 不 服
Dai bae lauzyiz gauq yenzloz
死 去 牢狱 告 阎罗

Dai bae yenzloz guh doxgauq
死 去 阎罗 做 相告
Gauq Liengz Sanhbwz Cuz Yinghdaiz
告 梁 山伯 祝 英台

Gou le couxbaz daengz daihloh
我 呢 迎亲 到 大路
Vihhoz ranz Liengz duet dawz bae
为何 家 梁 夺 拿 去
Gouj nyied cosam gou cix coux
九 月 初三 我 就 迎(新娘)
Nguxmeih saenyoux mbouj raen ma
午未 辛酉 没 见 回

Yenzloz vuengzdaeq cingq cwnz leix
阎罗 皇帝 正 巡查 处理
Diuq aeu sam vih haeuj ma caz
吊 要 三 位 进 来 查
Haetlaeng hwnqninz caengz swiq naj
第二天早上 起床 未 洗 脸
Diuq dawz sam vih haeuj ma cam
调 拿 三 位 进 来 问

Yenzloz miz lingz engq miz singq
阎罗 有 灵 更 有 圣
Hai dawz lozgingq ok daeuj caz
开 拿 锣镜 出 来 查

Hai dawz lozgingq ok daeuj gaeuj
开 拿 锣镜 出 来 看
Yinghdaiz mbouj dwg mei Maj gyah
英台 不 是 妹 马 家

Yinghdaiz seih mei Liengz Sanhbwz
英台 是 妹 梁 山伯
Bae daengz daihloh guh gvanbaz
去 到 大路 做 夫妇
Sou le doxgauq mij miz coih
你们 呢 相告 没 有 罪
Doiq sou sam vih hwnj baema
退 你们 三 位 上 回去

Sou bae yiengzgan langh doxauq
你们 去 阳间 如果 相告
Sou dauq doxdauq vuengz mbouj yungz
你们 回 回来 皇 不 容